일일일책

장인옥 지음

1日
1冊
일일일책

극한 독서로 인생을 바꾼 어느 주부 이야기

레드스톤

독(毒)한 여자의 독(讀)한 이야기

평범한 주부는 39세 되던 생일날 독서를 결심했다. 그로부터 하루도 빠짐없이 책을 읽었고, 3년 만에 1,000권을 독파했다. 현재 독서를 시작한 지 6년째다.

조금도 특별할 게 없는 한 주부가 책을 읽고 독(讀)한 여자가 되었다. 이젠 인생에서 독서를 빼고 말할 수 없을 만큼 책과 가까워졌다. 책 읽는 동안 즐거웠고 행복했으며 책을 읽으러 도서관에 가는 것이 설렜다. 혼자 책 읽는 시간이면 사막에서 오아시스를 만난 것처럼 기뻤다. 문득 책 읽는 기쁨이 사라지는 것은 아닌지 걱정될 정도로 소중하고 행복했다. 책을 읽는 것이 삶의 주축이 되었고 하루를 살아가는 원동력이 되었다.

삶의 고비가 없었다면 아마도 지금껏 책 읽기를 시도하지 않았을 것이다. 위기의 순간 독서를 통해 삶의 행복을 알게 되었다. 책을 읽으면 삶의 고통은 어느덧 사라지고 감사와 행복이 채워졌다. 이전까지 나만의 생각에 사로잡혀 삶이 힘들다고 결론지은 것은 아닌지 생각해보았다. 독(毒)한 마음으로 살아가며 독하게 마음먹고 시작한 독서였다. 독서의 시작은 독했지만, 책을 읽을수록 마음의 독은 빠지고 독(讀)만 남았고 독서하는 여자 '독한 여자'가 되었다.

독서는 마음을 치유하는 효과가 있다. 나를 돌아보는 계기가 되었고 지친 삶을 회복시켜 주었다. 마음을 열고 다가갔기에 책의 마음에 닿을 수 있었다. 불평을 그만두고 있는 그대로 삶을 바라보게 되었다. 변화는 그때부터였다.

집에서 독서를 시작하며 대단한 공부라도 하는 것처럼 가족들에게 TV 소리를 줄여달라고 요청했다. 아니 소리쳤다. 그럴 때마다 '저러다 말겠지' 생각하던 남편도 어느덧 TV 소리를 낮추고 TV를 꺼주며 협조했다. 변화의 순간은 서서히 일어나고 독서가 습관이 되면서 삶은 조금씩 바뀌었다.

나만 힘들다고 생각하며 보낸 시간이 무색해질 만큼 책은 다른

세상을 보여주었다. 책을 읽으며 나만 힘든 것이 아니고 타인의 삶
도 나와 다르지 않음을 알게 되었다. 책은 세상을 보여주는 창이다.
독서를 하면 비타민을 먹은 것처럼 힘이 났다. 나를 집어삼킬 것 같
은 잡념에서 벗어나 책 읽기에 몰입하고 집중하는 시간은 행복 그
자체였다. 독서는 혼자 마음만 먹으면 할 수 있는 일이었다. 독서는
평등하다. 아무도 차별하지 않고 보통의 주부에게도 문을 활짝 열
어주었다.

  위기의 시기에 책을 만나게 된 것이 늘 감사했다. 지금 이 순간 책
이 없다면 공허와 싸우며 삶의 무의미함에 지쳐갔을 것이다. 책은
나를 들여다보는 창이다. 매일 마음의 쓰레기를 청소하고 닦아내는
것이 독서이다. 하루라도 마음 청소를 게을리하면 자신이 가장 먼
저 안다. 책을 보며 마음을 닦고 하루를 살아가는 힘을 발견했다.

  절박한 순간 손을 잡아준 책에 대한 고마움 때문에 용기를 냈다.
책을 읽으며 느꼈던 점과 알게 된 점, 독서의 이로움을 진솔하게 이

한 권에 담았다. 누군가에게 알리고 싶다. 거칠고 투박한 글이지만 나의 마음이 조금이나마 전해지길 바란다. 책 읽는 기쁨을 함께 나누고 싶다. 지금 이 순간 '임금님 귀는 당나귀 귀!'라고 마음껏 외치고 싶다. 나의 메아리를 듣고 누군가 독서의 기쁨을 확인해 봐야겠다는 사람이 생겨나길 진심으로 바란다. 지금 이 순간 삶의 갈피를 잡지 못하던 나 같은 사람이 또 있어, 그 한 사람에게라도 위로가 되고 힘이 된다면 나의 용기는 헛되지 않을 것이다.

차례

제2장 새로운 세상을 만나다

제1장

나는 이렇게 책을 만났다

나의 삶은 수렁 속에 빠져 있었다. 어떻게 빠져나가야 하는지 누구도 가르쳐 주는 사람이 없었다. 답답하고 암담했다. 어두운 터널에서 머리에 두른 랜턴에만 의지해 컴컴한 터널을 더듬더듬 걸어갔다. 끝을 알 수 없었다. 지치고 두려웠다. 점점 힘은 빠지고 어디에도 희망을 찾기 힘들었다.

힘든 시기에 인연인지 필연인지 책을 만났다. 책은 어두운 터널을 빠져나올 수 있도록 빛이 되어 주었다. 목마른 사막을 걸어가는 나에게 오아시스였다. 어두운 바닷가 갈 곳을 잃고 헤매는 작은 배에게 밝은 등대가 되어 주었다. 책은 삶의 방향을 제시해주었고 길을 안내해주었다. 나는 이렇게 책을 만났다.

남의 책을 많이 읽어라.
남이 고생하여 얻은 지식을 아주 쉽게 내 것으로 만들 수 있고,
그것으로 자기 발전을 이룰 수 있다.
• 소크라테스

1

평범한 주부

책을 읽는다는 것은 많은 경우에 자신의 미래를 만드는 것과 같은 뜻이다.
• 에머슨

● ● ●

나는 평범한 주부다. 누구나처럼 20대에 사랑도 하고 결혼도 했다. 사랑을 하고 결혼을 하면서 행복을 꿈꿨다. 여자로서 현모양처에 대한 생각도 해보고 밤톨 같은 자식도 낳아 키우며 알콩달콩 재미나게 살아가는 상상을 했다. 결혼생활이 생각만큼 쉽지 않다는 것을 깨닫는 데에는 오랜 시간이 걸리지 않았지만 말이다. 남들과 비슷한 과정을 겪으면서 살아왔고 결혼을 하면서 또 다른 삶에 가슴 설레었다.

나는 평범하다. 뛰어나거나 색다른 점이 없이 보통이라는 말이 잘 어울리는 사람이다. 책을 만나며 평범함에 대한 생각이 바뀌긴 했지만, 지금껏 내 삶은 평범함의 범주에서 한 발짝도 벗어나지 않았다. 위기에 처하기 전에는 책을 접한 상황도, 독서에 대한 생각도 지극히 평범했다.

어릴 적 부유하지 않은 환경으로 집에서 책을 찾아보기가 힘들었다. 먹고 살기 바쁜 일상을 겨우 소화해 내며 하루를 힘겹게 살아가는 부모님은 여느 부모님의 모습과 크게 다르지 않았다. 어린 시절 책에 대한 기억은 오빠가 읽고 던져놓은 듯 방구석을 돌아다니는 책 한 권을 본 기억이 전부다. 그 책은《탈무드》였다. 심심할 때 한 번씩 들춰보긴 했다. 시간을 보내고 그저 무료함을 달래기 위한 정도였다. 성인이 되어서도 책에 대한 시선은 크게 달라지지 않았다. 직장 생활을 할 때 집 근처에 비디오와 책을 대여해 주는 대여점이 있어서 간간이 들러 빌려오긴 했다. 그 역시 무료함을 달래기 위함이었다.

책에 대한 생각

책을 보는 것에 목적이 없었다. 그다지 좋은 점도 몰랐다. 그저 시간이 되니까. 취미로 보는 정도였다. 탈무드를 보며 지혜로움이 매력적으로 다가오기도 했다. 그 이상은 아니었다. 내가 생각하는 책에 대한 이미지는 안경을 끼고 아침 햇살을 받으며 서재의 좌식 의자에 앉아 있는 풍경이었다. 무언가에 집중하고 있는 지적인 모습이었다. 그 이미지는 나와 아주 거리가 먼 그림이었다.

가끔 책을 통해 '선하게 살아야겠다.'라고 생각하며 간단한 에세이를 접했다. 책은 평범한 나에게 어울리지 않았다. 살아오면서 책이 일상에서 큰 비중을 차지하지 않았다. 책이 실제적인 쓸모가 있다고 생각하지도 않았다. 그저 교육에 몸담고 있는 선생님이나 교수, 의사나 판사, 이른바 지식인이 사용하는 도구쯤으로 여겼다. 바쁜 일상을 살아가는 나에게 책은 그저 장식품이나 지식의 상징 정도였다.

'책을 읽지 않아도 사는 데 아무런 문제가 되지 않잖아' '봐도 되고 보지 않아도 되는 것' '굳이 시간 들이고 힘들여 가며 읽지 않아도 되는 것'으로 생각했다. 평범함은 쭉 지속될 것이고 내 삶에 큰 변화는 없을 것이라고 생각했다. 그저 하루하루를 보내며 '어떻게든 살아지겠지'라는 생각이었다. 이런 생각이 쇠사슬이 되어 나의 발목을 묶어 꼼짝 못하게 했다.

"평생 살 것처럼 공부하고, 내일 죽을 것처럼 살아라." 간디의 명언이다. 삶이 순조로울 때는 그 어떤 명언도 좋은 글귀도 가슴에 와닿지 않는다. 마음이 힘들거나 삶의 고비, 역경이 찾아오면 명언과 책 속 글귀는 세포 하나하나에 박히며 삶의 영양제가 되어준다.

평범함은 길들여진 순한 양이다

평범하게 산다는 것은 참으로 어려운 것이다. 우리는 남과 다르게 태어났는데 남들처럼 살기 위해 아등바등한다. 비교라는 탈을 쓴 정체 모를 시기, 질투, 분노, 화와 싸우면서 말이다. 우리는 이미 남과 다른 존재인데 인정하려 하지 않고 남과 같아지기를 바란다. 삶의 위기는 평범한 삶을 비범함으로 끌어올릴 수 있는 기회일 수도 있다. 그렇다고 삶이 힘들기를 바라는 사람은 없다. 평범함이 나쁘지 않다. 소소한 일상에서 행복과 감사함을 찾아가며 살아가는 것은 지극히 당연하다. 때론 평범함은 무슨 일이라도 일어나길 바라는 무료함으로 이어질 수 있다. 조심해야 한다. 무료함을 벗어나기 위해 새롭고 참신한 사건을 찾기도 한다. 참신한 사건은 언제나 즐겁고 흥겹고 재미있고 자극적인 일로 기울어질 수 있다.

아무 일도 일어나지 않는 평범함은 때론 눈을 가린다. 현재의 자리에서 안주하며 한 걸음도 나아가지 못하게 한다. 스펜서 존슨의 《누가 내 치즈를 옮겼을까》를 보면 변화가 시작되었는데도 현시점에 안주하는 모습을 만난다. 변화를 시도하지 않는 우리의 삶을 만날 수 있다.

평범함은 쉽게 접할 수 있는 상황을 말한다. 주위에서 흔히 볼 수 있는 경우이다. 내가 자란 환경이 그렇듯이 남편의 역할은 평범한 가정에서 볼 수 있는 흔한 가장의 모습이다. 우리에게 평범함은 당연함으로 잘못 보여질 수 있다. 지금의 생각은 세상에 당연한 것이 있겠는가 싶지만, 부모님의 삶을 보면서 평범한 모습이 당연하다고 생각하며 자랐다. 당연하다고 생각한 것이 당연하게 이어지지 않을 때 분노한다. 평범함을 벗어나면 의아함이 생긴다. '왜 저러지? 이상하다? 뭔가 문제가 있나?' 이런 생각을 하며 나도 모르는 사이 평범함에 길들여져 왔다.

부자도 아니지만 경제적으로 큰 어려움 없이 지나온 나날이었다. 소소한 삶이 전부이지만 지구의 중심은 나라고 생각했다. 타인의 삶에는 큰 관심이 없었다. 주위 사람들은 다 행복하게 살아가는 것처럼 보였다. 큰 어려움은 없어 보이고 평범하거나 그 이상으로 행복한 사람만 보였다. 현재도 경제적 생활은 기존의 삶에서 크게 벗어나지 않았지만, 삶을 바라보는 생각과 시각이 많이 달라졌다. 생각의 변화를 만드는 결정적인 원인은 내 삶의 위기 덕분이었다.

위기는 결혼을 하면서 시작되었다. 행복하다고 느끼기도 전에 평범의 범위에서 벗어나기 시작해 서서히 수렁으로 빠져들었다. 우리는 흔히 '생각하기도 싫다.'라는 말을 한다. 삶에 생각을 떠올리기조차 싫은 시기가 있다. 나에게도 떠올리기 싫은 삶의 일부분이 있다.

평범함에 안주한 내 삶이 평범함을 벗어났을 때, 그때서야 진짜 삶이 보이기 시작했다. 평범한 주부가 비범해지기 위해 위기라는 터널을 통과했다. 삶에는 정답이 없다. 스스로의 삶에 최선의 노력을 하면 된다. 주위에 좋은 영향을 줄 수 있으면 더 좋겠다. 평범함은 순한 양이다. 위기라는 늑대가 언제나 눈독을 들인다. 호시탐탐 양을 쓰러뜨리기 위해 기회를 엿보고 있다. 나의 평범함은 늑대를 눈치채지 못했다. 늑대가 나를 겨냥할 것이라고 상상도 하지 않았다. 그저 편안하게 안주하고 있었다.

나는 지금도 평범하다. 달라진 것은 평범함을 대하는 태도이다. 평범함이 위기라는 터널을 거치면서 삶을 대하는 태도, 삶을 바라보는 시선이 달라졌다. 결국, 평범함이 위기를 지나면 더 이상 평범함이 아니다. 위기는 평범함을 비범함으로 바꾸어 놓는다. 평범함은 드러나는 것을 좋아하지 않는다. 들꽃처럼 자기의 자리에서 꽃을 피울 뿐이다. 누구를 위해서가 아니라 스스로 피어난다. 하지만 바람에 이리저리 흔들리는 꽃을 보며 우리는 힘을 얻곤 한다.

2

내 삶의 위기

하늘이 장차 어떤 사람에게 큰일을 맡기려고 할 때는 반드시 먼저 그의 마음을 괴롭게 하고 뜻을 흔들어 고통스럽게 하고, 그 몸을 지치게 하며 육신은 굶주리게 한다. 또한, 생활을 곤궁하게 하여 하는 일마다 뜻대로 되지 않게 한다. 그러한 이유는 이로써 그 마음의 참을성을 담금질하여 비로소 하늘의 사명을 능히 감당할 만하도록 역량을 키워서 전에는 이룰 수 없던 바를 이룰 수 있도록 하기 위함이니라. • 맹자

● ● ●

누구나 위기의 순간이 있다. 크고 작은 일들이 우리 삶을 힘들게 한다. 그로 인해 마음 근력이 키워지기도 한다. 삶을 대하는 방식에 따라 각자의 삶을 꾸려 나간다. 부모님 말씀에 여자는 인생의 전환기가 3번 있다고 했다. 첫 번째는 부모의 영향, 두 번째는 남편의 영향, 세 번째는 자식의 영향이다. 시대가 바뀌면서 많은 것이 변했

다. 여자의 삶도 세월이 흐르면서 시대에 맞게 변하고 있다. 결혼을 하고 맞닥뜨린 위기에서 부모님의 말씀이 귓가에 맴돌았다.

핑크빛 환상이 깨지다

결혼을 하면 남편과 함께 살아간다. 직접적으로 영향을 받으니 부모님의 말씀이 가히 틀린 말은 아니었다. 결혼생활이 호락호락하지 않을 것이라는 생각은 하고 있었다. 먼저 결혼한 친구나 주변 언니의 말을 통해 들은 바가 있기 때문이다. 그럼에도 내 일이 아니라고 여기기 일쑤였다. 결혼 전에는 결혼에 대한 핑크빛 환상이 있다. 아닌 걸 알면서도 환상을 가지게 된다.

결혼과 동시에 나의 핑크빛 환상은 깨졌다. IMF라는 외환위기로 산산조각이 났다. 그 당시 많은 가정이 IMF의 타격을 받았다. 가장들이 일자리를 잃거나 빚을 졌다. 빚을 갚지 못해 외국으로 일자리를 구하러 가거나 돈벌이를 위해 집을 떠나곤 했다. 나라가 온통 난리였다.

IMF는 내 삶도 비껴가지 않았다. 남편이 실직하였다. 탄탄한 줄로 믿었던 직장에서 하릴없이 밀려났다. 가장의 실직은 행복한 삶을 꿈꾸던 가정에 직격탄이 되었다. 당장 생활비며 어린아이 분윳값에 기저귓값도 없었다. 그 당시 빨아 쓰는 천 기저귀를 사용했던 기억이 있다. 종이 기저귀도 사용했지만 천 기저귀도 많이 사용했다. 힘든 생활이지만 주위 가족들에게 알리지 않았다. 남편이 궁지에 몰릴 것 같기도 했고 '그 마음은 오죽할까'라는 생각이 들었기 때문이다. 그렇게 혼자서 전전긍긍했다. 한참이 지난 후, '주위에 알리고 도움을 요청했다면 어땠을까? 상황은 달라졌을까? 일이 더 커지는 것을 막을 수 있었을까?' 하는 이런저런 생각이 들었다.

그때는 혼자 속앓이를 하는 남편의 마음을 더 힘들지 않게 해 주어야겠다고 다짐했다. 한편으로 남편의 실직이 주위에 알려지지 않기를 바랐다. 자존심인지 열등감인지 쓸데없는 고집인지 알 수 없는 감정이 보이지 않게 나를 휘감았다.

평범한 주부, 사회로 나가다

그렇게 '이해'라는 탈을 쓰고 보낸 시간이 점점 길어졌다. 시간이 지나면서 남편은 잠깐잠깐 밥벌이에 나서 보기도 했다. 생활을 해 나가기에는 턱없이 부족했다. 짧은 아르바이트 과정을 되풀이하면서 서로가 지쳐가기 시작했다. 아들이 26개월 되던 때, 나도 직업 전선에 뛰어들었다. 아이를 키우며 직장을 다니는 엄마들은 가정과 직장의 일을 병행하는 고충을 잘 알 것이다. 힘들었다. 피곤함의 연속이었다. 아이가 자라면서 사건 사고가 끊이지 않았다. 늘 마음 졸이며 이것저것 살피고 신경 써야 했다.

주부로, 엄마로, 직장인으로 1인 3역(그 이상의 역할이 있겠지만)

을 해내야 했다. 밥벌이를 위해 직장을 다니는 것은 힘들지 않았다. 그보다 남편과의 관계가 더 힘들었다. 시간이 흐르고 해가 거듭될수록 남편은 점점 더 의욕을 잃어갔다. 일에 대한 의욕상실을 지나 삶에 대한 의욕마저 잃어가는 듯 보였다. 혼자서 아등바등 하루가 짧다며 발버둥 치고 집에 돌아왔다.

집에 들어서면 우두커니 의욕 없이 앉아 있는 남편을 보게 되었다. 온몸에 힘이 다 빠져나갔다. 그렇다고 멍하니 오래 서 있을 수만은 없었다. 다시 힘을 내어 집안일을 시작했다. 초를 다투는 아침 전쟁을 치른 흔적은 집안 곳곳에 고스란히 남아 있었다. 흐트러진 집안을 빠르게 정리하고 밥도 짓고 설거지도 했다. 축축해진 앞치마를 보는 순간 화가 치밀었다. 소리를 지르면 싸움이 커질 것 같아 참아 보기도 했다. 어떤 날은 다툼이 일어났다. 부부싸움을 하고 집안일을 분담하기로 약속도 했다. 근본적으로 일에 대한 성취감과 보람을 잃어서인지 남편의 우울함은 쉽게 수그러들지 않았다.

마음의 근력을 키우는 위기

삶의 위기는 나를 수렁 속으로 빠져들게 했다. 빠져나오려 할수록 발버둥 칠수록 옴짝달싹 못하게 했다. 위기는 기회라고 하지만 그 당시 나에게 위기는 그저 위기일 뿐이었다. 누군가가 바꿔주길 바랄 뿐이었다. 남편이 바뀌기만을 기대했다. 원망의 화살은 어김없이 남편을 향해 있었다.

우리의 뇌는 위기에 처했을 때 투쟁, 도피를 관장하는 파충류의 뇌가 발달한다. 위기감에 즉각적으로 날카롭게 반응하며 우리를 얼어붙게 하고 딱딱하게 한다. 지혜롭게 판단할 능력을 잃어버리기 일쑤다. 생계가 걸린 문제니 더 그런가 보다.

의욕이 사라지고 마음이 힘들 때 상인들의 삶의 터전인 시장에 갔다. 그럴 때면 펄떡이는 물고기처럼 생동감 넘치는 사람의 에너지를 느꼈다. 열심히 살아가는 모습을 보며 다시 일어서는 힘을 얻었다. '포기하지 말자. 천천히 가는 것을 두려워하지 말고 멈춰 서는 것을 두려워하자.'

여자는 티백이라고 했다. 녹차를 우려낼 때 첫 번째 잔은 우려서 버린다. 두 번째 잔을 우려내어 마신다. 두 번째 우려낸 차는 은은한 맛이 난다. 첫 번째의 강하고 떫은맛을 우려냈기 때문에 첫 번째 잔에서 느낄 수 없는 맛이 난다. 위기상황은 첫 번째 찻잔이다. 위기를 겪고 난 후, 두 번의 담금질을 통해 더 강해지고 부드러워진다. 강한 것은 센 것이 아니라 유연한 것이라 했다. 위기는 위기에 대처하는 정신이 준비되지 않았을 때 찾아온다. 그래서 더 아프기 마련이다. 위기는 아주 조용히 다가온다. 내가 잠든 사이에 내 앞에 성큼 다가왔던 것처럼 말이다.

위기를 대하는 방법

우리는 삶을 등산에 비유한다. 산을 오를 때 오르막이 있으면 내리막이 있다. 햇볕이 내리쬐는 땡볕이 있으면 시원한 나무 그늘도 있게 마련이다. 행복과 불행은 동전의 양면과 같다. "잘나간다고 경거망동하지 말고 어렵고 힘들다고 낙심하지 마라." 너무나 당연한 말이다. 알고는 있다. 알지만 내 인생에 어려움이 닥치면 쉽게 받아들여지지 않았다. '왜 나에게 이런 일이 생기지? 왜 나만 힘든 거지?' 끝없이 나 아닌 다른 곳을 향해 원망의 소리를 냈다.

내 삶의 위기가 없었다면 책을 만나지 못했다. 위기가 기회라는 말이 책과의 만남을 통해 이해가 되었다. 위기를 느껴도 책 읽기를 시도하지 않았다면 벗어나지 못했을 것이다. 바꾸어 생각하면 책을 만난 것이 위기 덕분이었다. 책을 읽게 된 동기가 남편 때문이니, 남편 덕분에 책을 만난 것이다. 삶은 고난과 위기의 연속이다. 크고 작은 위기가 언제든 닥칠 수 있다.

'곧 지나가리라. 이 모든 것은 지나간다.' 그때마다 생각하자. 자신을 믿고 상황을 긍정하고 희망을 가지자. 삶의 위기에서 생각할 점이 분명 있다. 나만 힘든 것이 아니다. 나보다 더 힘든 사람도 있다. 힘을 내자. 위기를 극복하면 누군가에게 힘이 되고 용기를 줄 수 있다. 그 믿음이 위기를 이겨내고 극복하게 하는 힘이 된다. 그도 했고 그녀도 했다. 나라고 왜 위기를 이겨내지 못하겠는가. 긍정하자.

임신했을 때 일이다. 출산일이 다가오자 두려움이 앞섰다. 실제 고통은 아이를 낳는 것보다 두려움으로 보낸 시간이 더 클 수도 있다. 그럴 때 엄마께서 한마디 하셨다.

"여자가 결혼을 하면 아~를 낳는 게 당연지사지."

"니만 아 놓는 거 아이데이. 다른 사람들도 다 그래 낳는다."

"엄마가 너거들 낳을 때는 밭에서 일하다가도 낳고 그랬다."

"그때는 몸조리가 어딨었노."

"아 낳자마자 바로 밭일하고 집안일하고 그랬다 아이가."

"남들도 다 그래 한다."

"겁 묵을 꺼 없다."

그저 흘러가듯이 한 말인데 큰 위로가 되었다. 두려움이 몰려올 때 엄마의 말을 되새겼다. '그래 다른 사람들도 다 하는데 나라고 왜 못하겠어.' 이상하게 힘과 용기가 생겼다. 나만 그런 것이 아니라는 생각이 들었다. 나보다 더 힘든 사람도 위기를 극복했다고 생각하니 힘이 났다.

위기에서 희망을 찾다

'기록은 깨라고 있는 것이고, 위기는 극복하라고 있는 것이다.' 이 단순한 원리가 내 삶 앞에만 오면 힘든 일이 되는 것 같았다. 그저 나만 힘든 것 같았다. 기록을 깨고 나면 새로운 기록이 된다. 위기를 극복하면 새로운 삶을 만난다. 내 삶도 위기를 극복함으로 새로운 삶으로 거듭나길 바라고 바랐다.

우리의 삶이 다르듯 자신에게 불어온 위기는 사람마다 느끼는 강도가 다르다. 누구의 삶이 더 아프고 덜 아프고의 문제보다, 위기에 어떻게 대처하느냐에 초점을 맞추고 싶다. 지금의 위기가 삶의 디딤돌이 되어 더 나은 삶으로 도약하는 밑거름이 된다. 그 믿음이 위기를 극복하는 첫 번째 조건이다. 풀꽃은 바람에 이리저리 흔들린다. 흔들리다 보면 어느새 유연해진다. 흔들리지 않으려 애쓸수록 부러질 수 있다. 그저 바람의 흐름에 몸을 맡기는 것이다.

우리는 어둠이 오면 빛을 찾는다. 삶의 어둠이 와야 탈출구를 찾는다. 어두워야 촛불을 켠다. 어두울 때 불은 더 밝게 빛난다. 절망과 맞닥뜨릴 때 희망은 빛난다. 시련을 극복하면 인생도 빛난다.

3

나에겐 위로와
치유가 필요했다

독서를 배우면 다시 태어나게 된다. •루머 고든

● ● ●

위기의 순간을 겪으면 몸과 마음이 힘들었다. 그에 비해 삶의 변화는 쉽게 일어나지 않았다. 그저 어려운 상황을 버틸 뿐이었다. 그간 혼자 마음속으로 끙끙 앓으며 버텼다. 인내를 넘어 미련하다는 생각이 들었다. 이대로 괜찮은가 묻고 또 물었다. '아니다'라는 결론 앞에 딱 걸리는 한 가지가 있었다. 뜨거운 눈물을 흘리며 나에게 엄마로서의 삶을 선물해준 아들이다. 힘을 내야 했다.

지친 마음은 편히 쉴 곳이 없었다. 나에게도 마음 든든히 기대고 쉴 곳이 필요했다. 그렇다고 부모님에게 매번 힘든 상황을 이야기하자니, '그 마음이야 나보다 더하겠지' 싶어 입이 떨어지지 않았다. 부모님께 그럴 수는 없었다. 부모는 자식이 병날까 그것만 걱정한다 했으니 걱정을 보태드리고 싶지 않았다.

위로받고 싶다

지쳐가는 영혼은 어디에서 쉬어야 할지 방황의 연속이었다. 내 안에 도사리고 있는 화를 누그러지게 하며 위로받고 싶었다. 방법을 몰랐다. 인생의 시원하고 명확한 정답은 없다. 그래서인가? 누구 하나 똑 부러지는 답을 주지 못했다. 그도 그럴 것이 내 인생이 아닌가. 누군가의 결정에 의해서가 아닌 스스로 결정하고 선택하는 내 인생이다.

말 못 할 상처는 속으로 곪아갔다. 상처는 드러내야 빨리 낫는다고 하는데, 내 상처를 누구에게도 보이고 싶지 않았다. 그저 꽁꽁 싸매고 아무 일 없는 척 생활했다. 내 삶이 타인이 보는 것보다 덜 힘들 수도 더 힘들 수도 있다. 내가 느끼는 것과 다르게 보이는 것이 싫었다.

지금도 문득문득 울컥 눈물이 난다. 몸과 마음은 아직도 서러움을 잊지 않고 있는가 보다. 독하게 살 때는 분노, 화, 원망으로 눈물 한 방울도 흘리지 않았다. 한데 가끔 엉뚱한 곳에서 눈물이 났다. 나도 위로받고 싶고 치유받고 싶었다. 힘들다고 외치면 누군가가 내게 고생이 많다고 토닥토닥 다독여 줬으면 했다. 누구를 향해야 하는지 몰랐다. 어떻게 해야 하는지 아무런 방법도 몰랐다. 알려주는 사람도 없었다. 컴컴한 터널 속을 혼자 터벅터벅 걸어가는 기분이었다. 끝이 어딘지 알 수 없는 어둠이었다. 그저 걸어갈 뿐이었다. 힘들지만 멈춰 서거나 포기할 수 없었다. 내 인생이기에…….

머리가 아프면 두통약을 먹는다. 속이 좋지 않으면 내과에 가고 팔을 다치면 정형외과에 간다. 몸이 아플 때는 의사의 도움을 받거나 약을 먹는다. 우리의 마음도 다치고 상처 나고 곪으면 치료를 받아야 한다. 알지만 마음이 힘들 때는 외상(外傷) 만큼 선뜻 나서기가 쉽지 않다. 보이는 상처가 아니기에 전문가를 찾아가는 것은 쉽지 않다.

상처는 바로 치유되기도 하고 오랜 기간 묵혀두기도 한다. 시간이 지날수록 상처는 짓무른다. 스스로 위로하고 치유하는 방법을 알면 얼마나 좋을까. 화를 다른 곳으로 집중시키고 몰입할 수 있다면 얼마나 좋을까? 그것이 뭘까? 바쁜 일상에 돈 들이지 않고 혼자서 할 수 있는 것, 내가 할 수 있고 도움이 되는 것, 그것이 무엇일까? 변화의 욕구는 있었지만, 탈출구를 찾을 수 없었다.

책의 위로

힘들고 지친 몸과 마음을 편히 쉬게 하고 위로받을 수 있는 곳은 어디일까? 바로 가정이다. 집에서만큼은 지친 육체와 정신을 편안하게 놓아준다. 방전된 체력도 충전한다. 가정이 편안해야 만사가 형통하다. 당시 나의 경우 가정이 위안이 되지 못했다. 오히려 스트레스와 상처가 되었다. 위로받고 치유받아야 할 가정에서 힘들어하는 이유는 무엇일까? 배려나 이해받지 못해서이다. 누구나 자신의 고통에 관심을 가져주고 인정해 주길 바란다. 진심 어린 시선으로 바라봐주고 따뜻한 위로의 한마디를 해 주는 것만으로 치유가 된다. 그곳이 가정이고 가족이어야 한다. 공허한 마음을 채우려 할수록 허전함은 커져만 갔다.

우리가 살아가면서 갈등하고 힘들어하는 것은 무엇 때문일까? 다양한 문제점으로 고민할 수 있다. 그중에 인간관계로 인한 갈등이 가장 힘들지 않을까? 사람은 서로 기대어 살아간다. 서로 사랑하고 위하면서 말이다. 사랑하며 살아갈 때 가장 위대하다. 역으로 그만큼 힘든 일이란 생각도 든다. 인간관계로 인한 스트레스는 고스란히 안아야 한다.

책을 읽으며. 위로와 치유를 처음 만난 것은《술 취한 코끼리 길들이기》라는 책을 통해서였다.

네가 나에게 무슨 짓을 하든 내 마음의 문은 너에게 활짝 열려 있다. 안으로 들어오라. 네가 나를 파괴하고 파멸에 이르게 할지도 모르지만, 나는 너에게 어떠한 나쁜 마음도 갖고 있지 않다. 나의 마음이여, 네가 무슨 짓을 하든 나는 너를 사랑한다. 당신의 미친 마음과 싸우는 대신 그 마음을 평화롭게 대하라. 그 자비의 힘은 너무도 크기 때문에 놀라울 정도로 짧은 시간에 마음은 분노를 누그러뜨리고 온순하게 그대 앞에 서게 될 것이다. 그러면 그때 당신은 부드럽게 그 마음을 토닥이며 말한다.

"그래 내 마음이여, 그래 내가 다 안다."

—《술 취한 코끼리 길들이기》

글귀를 보았을 때 감동은 말할 수 없을 정도로 벅찼다. 위로받고 있었다. 독서가 치유의 효과가 있다고 느낀 순간이었다. 책 읽기에 빠지는 강렬한 힘은 이런 것이다. 지금은 글귀를 보아도 그때만큼 감동적이지 않다. 위로받고 싶은 마음이 글귀와 딱 맞아떨어진 것이다. 두통이 왔을 때 소화제보다 두통약이 효과를 보는 것과 같다. 마지막 문장 "그래 내 마음이여, 그래 내가 다 안다." 그 짧은 글귀가 빙산처럼 꽁꽁 얼었던 마음을 눈 녹듯 녹여주었다.

4

어느 날, 책을 만났다

좋은 일을 생각하면 좋은 일이 생긴다. 나쁜 일을 생각하면 나쁜 일이 생긴다. 여러분은 여러분이 하루 종일 생각하고 있는, 바로 그것이다.
• 조셉 머피

● ● ●

결혼을 하고부터 책과는 담을 쌓고 지냈다. 먹고 살기 바쁘다는 핑계도 있었지만, 책이라는 존재 자체를 잊고 지냈다. 책이 내 삶에 도움이 되리라는 생각은 하지 못했다. 그저 네모나고 조그마한 종이뭉치가 내 삶에 어떤 영향을 줄 수 있겠는가. 일상에서 책은 나와 무관한 것이었다. 하루하루가 힘든 반복의 연속이고, 새로움이란 찾아볼 수 없었다.

반복된 생활의 패턴은 어김없이 아침을 맞이했다. 출근 준비를 하고 초등학생 아들을 등교시켰다. 직장에서 하루를 보내고 돌아오면 집안은 직장보다 더 전쟁터였다. 직장을 다니면 스트레스가 없을 수 없다. 자의가 아니더라도 여러 가지 이유로 어김없이 화나는 일에 맞닥뜨린다. 부정적인 생각이 극에 달하면 집에 있는 것이 더 고역이었다. 제어되지 않는 마음의 늑대는 언제든 뛰어오를 준비를 하고 있었다. 집에 있는 것보다 출근하는 것이 마음이 더 편할 때도 있었다.

책을 만나다

어느 날이었다. 정말 어느 날이었다. 기억을 더듬어보니 2011년 7월경이었다. 컴퓨터 모니터를 보다 우연히 책 한 권을 보게 되었다. 어떤 경로로 책을 찾았는지 기억나지 않지만《리딩으로 리드하라》는 책 제목에 끌렸는지 다른 이유가 있었는지는 알 수 없다. 기억의 한계다. 아마 내 삶을 리드하고 싶은 무의식이 작용했을지도 모른다. 우연인지 필연인지 책과의 인연은 이렇게 시작되었다. 어느 날, 책을 만난 것이었다.

무언가에 홀린 듯 책을 주문했다. 읽기는 할 건지 알 수 없었다. 쇼핑과도 담을 쌓고 지냈는데, 책 쇼핑을 했다. 선택한 책이 좋은지 안 좋은지 확실히 몰랐다. 그냥 책 제목에 끌려 구입한 것으로 기억된다. 인터넷을 통해 책이 나에게 왔다. 책을 받은 날 책 읽기는 시작되었다.

책은 충격적이었다. "한 권의 책은 우리 내면의 얼어붙은 바다를 깨는 도끼여야 한다." 프란츠 카프카가 말했지만 실감하지 못했다. 어딘가에 끌려가듯 책을 읽으며 책이 내면의 얼어붙은 바다를 깨는 도끼라는 것을 어렴풋이 알게 되었다. 책을 보며 느낀 것은 '내가 책을 읽지 않았기 때문에 이렇게 살고 있었구나!'였다. 충격적이었다. 책을 읽어야 했다. 지금의 삶을 벗어나고 싶은 욕구가 독서의 열정으로 이어졌다.

무작정 추천도서를 주문하기 시작했다. 대부분 인문고전이나 입문서였다. 지금도 책을 구입하고 있지만, 그때는 상황이 달랐다. 경제적 여유가 없었다. 책값으로 생활비의 일부를 뚝 떼어낸다는 것은 쉽지 않았지만, 책값이 아깝다는 생각은 들지 않았다. 책으로 내 삶을 변화시키고 싶었다. 그 마음이 얼마나 간절했던지 경제적 어려움이나 다른 생각은 들지 않았다.

책 읽는 시간은 신세계였다. 일요일이면 방안에 처박혀 종일 꼼짝 않고 책을 읽었다. 필사도 했다. 행복했다. 숨이 트이고 살 것 같았다. 그 당시 종일 부정적인 생각만 반복했다. 책을 만나면서 나는 변화를 준비하고 있었다. 책 속 글귀는 천 년 묵은 산삼이었다. 그 산삼을 먹고 점점 정신건강을 회복해가기 시작했다. 불과 한 달 동안 읽었는데 삶의 의욕이 되살아났다. 신기했다. 본격적으로 꾸준히 책을 읽어보리라 생각했다. 책을 만난 지 한 달 후, 책 읽기의 가능성을 예감했다. 2011. 8. 26. 39세 생일을 맞아 결심했다. 무조건

읽자. 무대뽀 정신으로 읽어보자. 한 달여간 책을 읽으며 느낀 행복은 책 읽기 도전의 충분한 준비운동이 되었다. 고단하고 힘들었던 30대와 다른 40대를 맞이하고 싶었다. 책을 읽으면 변화가 오는지 인생이 바뀌는지는 중요하지 않았다. 그저 책 읽는 시간이 즐겁고 행복했다.

책과의 만남은 설렘이다. "꿈이란 당신이 잠에서 깨어나면 잊어버리는 그 무엇이 아니라 당신의 잠을 깨우는 그 무엇이다." 찰리 헤지스의 명언이다. 책을 읽기 위해 잠에서 깨어났다. 의도적이긴 했지만 책이 잠을 깨웠다. 책을 만난 것은 행운이었다. 책을 지나가는 마주침 정도로 생각했다면 흥미를 못 느꼈을 것이다. 책은 그저 삶을 비껴갔을 것이다. 현재의 상황을 벗어나고 싶은 절실함과 자신을 바꿔보고 싶다는 변화 욕구가 책에 머물게 했다.

책 속으로 한 걸음씩

성인, 위인, 성공자는 수불석권(手不釋卷: 손에서 책을 놓지 아니하고 늘 글을 읽는 것)한다. 달리 말하면 책을 읽는 사람이 성공한다고 해도 되겠다. "독서는 가난한 사람을 부자로 만들어주고 부자는 독서로 귀하게 된다."고 문필가이자 정치가인 왕안석이 일찍이 말한 바 있다. 아주 매력적인 명언이다. 독서하면서 늘 마음에 담고 있던 것은 '독서는 인격 성장과 영적 성숙이다.'라는 말이다. 독서

를 시작하겠다고 마음먹은 것은 인격을 성장시키고 내실을 다지고
자 하는 마음이 많았기 때문이었다. 마음이 힘들어 갈피를 잡지 못
하고 있었으니 마음 다잡기가 우선이었다.

우리가 사랑을 하고 연애를 하면 자꾸 보고 싶고 만나고 싶어진
다. 나는 책과 사랑에 빠졌다. 매일 보고 싶고, 만나고 싶고, 온종일
책과 함께 있고 싶어졌다. 책은 때론 친구가 되어 주고, 때론 스승
이 되어 주고, 때론 연인이 되어 주었다. 언제든 손만 뻗으면 부름
에 답해주었다. 책은 늘 곁에 있어 주었다. 책을 만나고 외롭지 않
았다. 공허하지도 않았다. 만나면 만날수록 좋았다. 책에 대한 엄청
난 에너지는 하루 종일 부정적인 생각에 휩싸인 나를 구해 주었다.
책 읽는 것은 다른 생각을 할 줄 모르는 바보 같은 자신을 벗어나
고자 하는 마음의 요구였다. 좋지 않은 생각을 반추하며, 스스로를
갉아 먹는 짓을 그만두고 싶었다. 책을 만나고 하루하루는 새로움
이고 설렘이고 행복이었다. 열정적인 에너지는 덤이었다. 매일 비
타민으로 신체 건강을 챙기듯 책으로 정신건강을 챙겼다. 책은 정
신의 비타민으로서 매일 챙겨 읽어야 하는 것이었다.

화초에 물을 주면 물은 밖으로 빠져나가지만 화초는 자란다. 콩
에 물을 주면 물은 빠져나가도 콩나물은 자란다. 밥을 먹고 찌꺼기
가 밖으로 빠져나가도 피부는 윤택해진다. 인격을 성장시키는 독서
는 돌아서면 다 잊어버리는 것 같지만 내면을 더 단단하고 풍성하
게 만들어 준다. 하루라도 책을 만나지 않으면 마음의 잡초가 수북

하게 올라온다. 오늘도 책을 만나 마음의 잡초를 뽑는다. 오늘도 그러하고 내일도 그러할 것이다.

5

도서관은 내 친구

오늘의 나를 있게 한 것은 우리 마을 도서관이었고, 하버드 졸업장보다 소
중한 것이 독서하는 습관이다. •빌 게이츠

• • •

당신에게 도서관은 어떤 곳인가? 도서관을 생각하면 무엇이 떠
오르는가? 즐비한 책, 책벌레, 책 냄새, 고리타분, 공부, 자료, 지식,
정보, 졸림, 행복, 침묵, 쉼터, 지식인 등 나름의 이미지가 떠오를 것
이다. 도서관의 매력은 무엇보다 누구의 눈치를 안 봐도 된다는 것
이다. 어떤 소리에도 반응하지 않아도 된다는 것이다. 타인의 행동
에 시선을 주지 않아도 된다는 것이다. 한마디로 책 읽기에만 집중
할 수 있다는 것이다. 일상생활을 하면서 책을 읽으면 흐름이 끊어
지는 경우가 잦다. 오롯이 책만 보고 싶지만 타인에 의해 방해받는

경우도 빈번하다. 책 읽기는 이기적인 행위이다. 도서관에서는 이기적 책 읽기가 가능하다. 책 읽기는 나만을 위한 시간이다.

동네 도서관

독서습관을 잡기에는 도서관만 한 환경도 없을 것이다. 도서관은 책 읽기에 몰입할 수 있는 장점이 있다. 집중이 잘 되지 않아 독서습관에 번번이 실패를 했다면 도서관을 이용해 보시라. 자신의 새로운 면을 발견하게 된다. 나의 경우 독서를 결심하고 매주 한 번씩 도서관에 들렀다. 주부이고 직장도 다녀야 했기에 도서관에 매일 가기는 힘들었다. 도서관에 가면 일주일 동안 읽을 책을 대출했다.

하루에 한 권을 읽을 각오로 시작했으니 매주 도서관을 들를 때마다 최소 7권은 대출해야 했다. 평소 운전을 하지 않기에 대중교통을 이용했다. 매주 7~10권 정도 대출했다. 한번도 무겁다고 투정을 부린 적이 없었다. 책은 나에게 보물 같은 것이기 때문이다.

책을 담아서 집까지 들고 오려면 책가방이 필요했다. 책 무게가 있으니 튼튼한 것을 선택해야 했다. 시중에는 튼튼하고 예쁜 에코백도 많다. 나의 경우 장바구니를 책가방으로 선택했다. 장바구니는 큼직해서 책을 많이 담을 수 있고 튼튼하기로는 최고다. 나는 장바구니를 들고 도서관으로 갔다.

주부는 가족의 육체 건강을 챙기지만, 그 못지않게 정신건강을 챙기는 것도 중요하다. 정신건강을 위해 우리는 도서관으로 가기만 하면 된다. 그곳에는 정신을 건강하게 만들어줄 먹거리가 가득하다. 무엇을 먹을지는 스스로 선택하면 된다. 그날의 입맛과 기분에 따라 책을 선택한다. 어떤 날은 무릎을 '탁' 치며 감탄을 자아내는 책을 맛보기도 한다. 어떤 날은 밍밍하고 떨떠름한 맛을 만나기도 한다. 또 어떤 날은 먹어 보았던 맛이라 참신하지 않을 수도 있다. 그중에서 최고의 맛은 먹으면 먹을수록 씹으면 씹을수록 깊은 맛을 내는 책 맛이다. 그 책은 양서다. 주로 고전일 가능성이 높다.

꼭꼭 잘 씹어 삼킨 책은 우리 몸의 곳곳을 다니며 골고루 영양을 준다. 세포 하나하나에 힘을 실어주고 몸을 이롭게 한다. 양서를 자주 접하면 인격 성장과 영적 성숙을 이룰 수 있다. 책을 읽는 이유는 각자 다를 수 있다. 출세의 수단으로 읽는 사람, 지식·정보를 습득하기 위해 읽는 사람, 전공 분야의 지식을 보충하기 위해 읽는 사람, 다양한 이유로 책을 본다. 그중 제일 우선시 되고 중요한 것은 인성을 바로 잡기 위한 독서이다.

도서관을 선택할 때 규모로 선택하는 경우도 있다. 가끔씩 책을 많이 구비해둔 도서관에 들르는 것도 좋지만 독서습관을 위해서는 동네 도서관이 최고다. 먼저 쉽게 갈 수 있다. 부담 없이 갈 수 있어야 자주 가게 되고 편하게 들를 수 있다. 도서관에서 책 읽는 사람은 알 것이다. 책 읽는 시간은 행복과 맞닿아 있고 도서관이 천국처럼 느껴진다. 책 속에 푹 빠져 본 사람은 하루 종일 책만 읽었으면 좋겠다고 한다. 그 묘한 매력은 무엇일까? 바로 몰입의 시간이다. 한곳에 집중할 때 시간의 흐름을 느끼지 못한다. 몰입하는 사이에 시간이 훌쩍 지나갔음을 뒤늦게야 알게 된다.

도서관은 무한한 가능성이다. 많은 사람들이 도서관에서 책을 읽으며 자기계발에 힘쓰고 있다. 도서관은 가난한 사람이나 부자인 사람을 차별하지 않는다. 잘나가는 사람이나 수렁에 빠진 사람도 구분하지 않는다. 도움의 손길을 뻗으면 언제나 그 손을 잡아주고 도와준다. 힘든 상황에 당신만 포기하지 않는다면 도서관의 책은 당신을 돕는다.

도서관 이용방법

도서관에서 책을 이용하고 싶다면 방법은 간단하다. 먼저 도서관을 이용할 수 있는 도서대출회원증을 만드는 것이다. 크기는 신용카드 정도로 보면 된다. 도서대출회원증에는 성명, 회원 번호와 바코드가 있다. 동네 도서관은 즉석사진을 찍어서 카드에 넣어 바로 만들어 준다. 도서관 회원증을 받았으니 그 어떤 신용카드보다 든든하다. 대출 권수는 도서관마다 조금씩 다를 수 있다. 한 사람이 한 번에 대출할 수 있는 권수는 10권이다. 가족카드를 이용하면 등록한 가족 수만큼 책을 대출받을 수 있다.

도서관이 어떻게 생겼는지 1년에 책 한 권도 읽지 않던 나로선 알 수 없었다. 처음 도서관에 들렀을 때 입이 쩍 벌어졌다. 책 읽는 사람이 이렇게 많다는 것을 나만 모르고 있었다는 생각이 들었다. 책을 직접 구입할 수도 있지만, 하루에도 몇백 권씩 쏟아져 나오는 책을 다 구입할 수도 없다. 도서관에서 읽어본 책 중에서 소장가치가 있다고 생각되면 그때 구입한다.

만약 읽어보고 싶은 책이 있는데 도서관에 비치되어 있지 않다면 '희망도서신청'을 할 수 있다. 그러면 도서관에서 확인을 거쳐 구입을 진행한다. 이 모든 과정은 인터넷에서도 가능하다. '상호대차신청'이라는 서비스도 있다. 동네 도서관에 찾는 책이 없을 때 신청을 하면 원하는 도서관으로 책을 가져다주는 시스템이다. 아주 친절하게 책 도착 문자 메시지도 보내준다.

독서를 결심한 사람에게 도서관은 여러 가지로 도움을 준다. 어찌 도서관을 사랑하지 않을 수 있겠는가. 고마운 도서관에서 우리가 꼭 지켜야 할 점이 있다. 대출한 도서를 기간 내에 반드시 반납해야 한다. 다른 회원을 위해서는 물론이고 반납 날짜를 지키지 못하면 늦어진 기일만큼 대출이 정지된다. 일일이 전화로 반납요청을 하는 사서들의 고충도 생각해야 한다. 도서관이 우리에게 베풀어주는 만큼 이용자들도 도서관의 준수사항은 꼭 지켜야 한다.

도서관은 영혼의 쉼터

도서관은 네모난 건물이다. 네모난 책꽂이를 가지고 있고 네모난 책을 품고 있다. 네모난 도서관에서 네모난 책을 본다. 삶의 모난 부분을 깎아내며 둥글게 살아가려고 한다. 모난 내 삶을 깎아내기 위해 도서관으로 간다. 도서관 가는 날은 아침부터 분주하다. 일주일 동안 행복을 주었던 책을 반납하기 위해 장바구니에 담는다. 도서관 가는 날은 애인을 만나러 가듯 설렌다. 직장에서 지치고 힘들어 소금에 절인 파김치처럼 기운이 없다가도, 일을 마치고 도서관으로 간다고 생각하면 혼자서 기분이 좋아졌다.

도서관은 휴식처이고 지친 영혼의 충전소이고 책 읽는 터전이다. 우리는 지나치게 현재에만 파묻혀 산다. 이제는 도서관에서 책 속에 파묻히는 경험이 필요하다. 도서관은 불안과 근심에 시달리는 현대인에게 잠시 멈춤과 쉼의 공간을 제공한다. 꾸준하게 도서관을 간다면 독서습관 들이기는 수월하다. 도서관에 가서 조용히 책을 보고 다양한 생각을 하며 집으로 돌아온다. 집에서 '나만의 도서관'을 갖는 것도 좋다. 책상이어도 좋고 좌식 테이블도 좋다. 손이 자유로울 수 있도록 독서대가 있으면 좋겠다. 책상이 넓고 책이 많지 않아도 된다. 노트와 필기도구를 준비하고 바로 볼 수 있는 책 한 권이면 준비는 끝이다.

나만의 도서관은 작지만 당신을 더 크게 성장시켜줄 것이다. 도서관을 가든 말든 선택은 당신에게 달려 있다. 생각해야 할 점은 당신이 열려고 해도 열리지 않는 문의 열쇠를 도서관에서 찾을지도 모른다는 것이다. 당신에게 도서관은 어떤 곳인가? 도서관을 생각하면 어떤 이미지가 떠오르는가? 앞서 질문했을 때보다 긍정적인 이미지가 떠오르길 바란다. '도서관' 하면 떠올리게 될 이미지가 당신의 성장을 돕는 곳으로 기억되길 바란다.

도서관 1층, 공원에서 아이들의 웃음소리가 들린다. 까르르 웃어대는 아이들의 소리가 조용한 도서관 전체에 울려 퍼진다. 물결처럼 비치는 햇살, 뛰노는 아이의 웃음소리, 바람에 흔들리는 나뭇가지, 새소리가 어우러진다. 한 폭의 아름다운 풍경화를 만들어내고 있다. 행복하다. 행복을 느끼는 이 순간, 행복에 행복이 더해진다.

우리가 도서관에서 얻어가는 것은 무엇일까? 즐비한 책을 보며 더 많은 것을 채우려고 한다. 채움을 갈구하지만 얻어가는 것은 결국 비우는 방법이다. 비워내야 다른 것을 채울 수 있는 쓰임이 생긴다. 도서관은 평등하다. 직위도 부도 나이도 성별도 가리지 않는다. 도서관은 언제나 책 읽는 사람을 기다리고 있다. 오늘도 장바구니를 들고 도서관으로 간다.

6

가방 속 보물

지식은 타오르는 불과 같다. 처음에는 불을 붙여주는 사람에 의지하지만,
불이 붙고 나면 그 스스로 타오른다. • **루스벨트**

● ● ●

가방 속 보물이 생겼다. '도서목록'이다. 독서를 시작하고부터 가
방 크기가 커지기 시작했다. 가방에는 늘 읽어야 할 책이 들어 있
다. 한 권이 두 권으로 늘어나고 많을 땐 세 권으로 늘어났다. 가방
은 늘 무겁다. 책과 함께 늘어나는 것이 또 있었다. 앞으로 읽을 도
서목록이다. 나에게 도서목록은 보물이다. 책을 읽으며 그 책에서
소개하는 책 제목을 메모지에 기록한다. 앞으로 읽게 될 책이다. 책
읽기는 꼬리에 꼬리를 물고 이어졌다.

책을 읽기 전 - 도서목록

평일 저녁은 도서관에 오랫동안 머물러 있을 시간이 없다. 일을 마치고 도서관에 들러도 급히 집으로 가야 한다. 메모지에 기록해둔 도서목록은 책 고르는 시간을 단축시켜 준다. 도서관 홈페이지에 들러서 읽어야 할 책이 있는지 검색한다. 책의 일련번호(청구기호)를 책 제목 옆에 적어둔다. 수시로 적어둔 도서목록은 바쁠 때 유용하게 쓰인다. 도서관에 도착하자마자 인터넷으로 대출 중인지 대출 가능한 도서인지 확인하고 책장으로 바로 가면 된다.

책을 읽을수록 도서목록이 늘어난다. 도서목록은 가방 속에 껌딱지처럼 붙어 있다. 언제든 도서관에 들르면 지체 없이 책을 찾아낸다. 도서목록은 독서를 이어가는 힘이다. 무엇을 읽을까 고민할 필요가 없고 언제든 책 읽을 준비가 되는 것이다. 도서목록이 독서습관을 들이는 첫 번째 과정이다. 도서목록으로 책 읽기가 든든해진다. 도서목록은 독서의 방향을 제시한다. 어떤 책을 읽을지 도서목록을 따라 여행한다. 처음엔 관심 분야로 시작하지만 다양한 분야로 나아가게 된다. 세상은 넓고 읽을 책은 많다.

독서를 처음 시작하는 사람이라면, 또는 도서목록을 구하기 어렵다면 독(讀)한 여자의 블로그로 오면 된다. 1권~365권, 366권~1,000권의 독서목록을 기록해 두었다. 현재까지 꾸준히 기록하고 있다. 처음 독서를 시작할 때부터 꼭 쓰임이 있기를 바라며 기록해 두었다. 독서한 목록을 1권부터 순서대로 기록했다. 오래된 책이라고 생각되면 순서 상관없이 관심 가는 책을 선택하면 된다. 도서목록은 선택과 집중이다. 자신에게 맞는 양서를 선택하고 집중해서 읽으면 생각하는 힘이 길러진다. 어떤 책을 선택하느냐에 따라 사고의 폭과 깊이가 달라진다. 양서는 인생의 친절한 안내자다.

책을 읽은 후 - 독서목록

독서목록을 기록하면 좋다. 요즘은 블로그를 이용한다. 독서목록 카테고리를 만든 후 꾸준히 기록했다. 기록할수록 성취욕구도 올라갔다. 공통의 관심과 목표를 가진 사람과 블로그 이웃하며 서로를 돕고 응원하는 것도 좋다. 독서목록은 누군가에게 보여주기 위해 작성한다기보다 스스로의 약속이고 보람이며 노력의 표시이며 결과이다.

책을 읽고 기록해 두면 자료가 필요할 때 찾을 수 있다. 검색을 통해 자료를 빨리 찾아볼 수 있어 편리하다. 우리는 망각의 동물이라 금세 잊어버리곤 한다. 지금 당장은 기억할 수 있을 것 같지만 마음 같지 않다. 메모의 중요성과 일맥상통한다. 독서목록을 기록함으로써 자신감도 상승한다. 하나씩 늘어나는 독서목록으로 마음을 다잡는다.

독서습관 들이기

독서습관은 생각보다 그리 오래 걸리지 않는다. 습관은 반복을 통해 생기고 보통 2~3주 정도 걸린다고 한다. 1달 정도 정해진 패턴을 반복하면 독서의 즐거움을 알게 된다. 중요한 것은 마음을 다잡는 것이다. 독서하기로 결심했다면 멈추지 말아야 한다. 자신과의 약속이기 때문이다. 마음의 결심이 섰다면 책 읽기를 우선순위에 두고 독(毒)하게 마음먹어야 한다. 친구와의 만남, TV의 유혹, 여행, 영화 등 달콤한 유혹을 뿌리칠 용기가 필요하다.

삶이 절박할수록 변화의 의지는 강하다. 목표한 바가 있다면 꼭 이루겠다는 마음가짐과 이미 이루었다는 자기 암시도 필요하다. 시작이 반이라고 했다. 처음에는 도서목록을 정하기가 힘들다. 어떻게 할까? 먼저 독서한 사람이 작성해놓은 목록을 참고하면 된다. 조심해야 할 것은 처음부터 너무 두꺼운 책이나 어려운 책을 선택하면 안 된다는 것이다. 흥미 있고 부담 없이 읽을 수 있는 책을 선택하는 것이 중요하다.

어떤 책을 읽어야 할지 모르겠다면 '지금 이 순간 나의 고민은 무엇인가? 나를 힘들게 하는 것은 무엇인가?' 생각해 본다. 그에 관련된 책을 찾아본다. 필요한 분야의 책을 선택한다면 독서에 흥미를 붙일 수 있다. 다양한 분야 중 인문, 건강, 요리, 육아, 청소년, 자녀교육, 부부관계, 재테크, 스피치, 심리, 독서법 등 관심을 끄는 책을 읽는 것이다. 결정하기 힘들면 마음관리에 관한 책이 좋다. 우리는 늘 마음관리에서 삐끗하고 힘들어하기 때문이다. 흥미 없고, 재미없고, 어려운 책으로 시작하지 않기를 바란다. 독서가 시작되면 자기만의 독서목록이 생긴다. 그때부터 진짜 책 읽기가 시작된다.

본인의 의지에 따라 책을 선택하고 읽는 것은 주체적인 책 읽기이다. 자신의 궁금증과 고민에 대해 생각하고 자문자답하는 과정이다. 한 권의 책 속에서 단 한 줄이라도 공감 글귀를 만나면 성공이다. 한 권의 책을 읽고 모든 내용을 기억할 수는 없다. 단 하나의 글귀가 내 마음을 흔들고 느낄 수 있으면 그것으로 그만이다.

사람 사이에 인맥이 있다면 책에는 책맥이 있다. 인맥은 다양한 분야의 사람을 통해 배움의 길이 열리기도 하고 도움을 주거나 받기도 한다. 책은 어떠한가? 책을 통해 몰랐던 것을 알게 된다. 책 속의 스승과 전문가에게 다양한 소식을 접한다. 책을 읽다 보면 다른 책을 소개받기도 한다. 책을 읽으면 도서목록은 풍성해진다. 비슷한 부류의 책을 소개받기도 하고 전혀 새로운 분야의 책을 소개받기도 한다. 가리지 않고 골고루 만난다면 다양한 부류의 사람과 대화에서 고개를 끄덕일 수 있다. 공감 능력이 생긴다. 책을 통해 접해본 이야기가 다른 사람과 대화에서 공감으로 이어진다.

책을 소개받는다는 것은 설레는 일이다. 책을 통해 다른 책을 소개받는다. 그때마다 도서관으로 달려가고 싶어진다. 어떤 책을 읽을까 고민된다면 '일단 읽어라'가 답이다. 읽다 보면 책을 소개받는다. 읽다 보면 책을 알아보는 눈이 생긴다. 읽다 보면 좋아하는 책을 발견한다. 읽다 보면 당신의 길을 발견하게 된다. 일단 읽어라!

당신이 읽는 책이 어디로 데려갈지 알 수 없다. 다만 다양한 세상의 문을 통해 당신을 변화시켜줄 것이다. 가방 속에 보물을 넣고 다니면 자신감이 생긴다. 대부분의 사람들은 당신의 보물을 알아보지 못할 것이다. 당신에게 필요한 당신만의 보물이기 때문이다. 책은 당신을 기다린다. 당신도 책을 기다린다. 책은 스스로 움직일 수 없다. 당신이 움직여야 한다.

7

단순하지만 행복한 삶

사치스러운 생활을 좇다 보면 어느새 행복은 더욱 멀어진다. 행복한 삶은 대부분 매우 단순하다. 사실, 마음 편히 쉴 수 있는 방 한 칸만 있으면 된다. 반드시 필요한 물건은 하나면 족하고, 쓸데없는 물건은 하나라도 많다. 사람됨으로는 자족할 줄 알아야 하고, 일을 할 때는 부족함을 알아야 하며, 학문을 익힐 때는 절대 만족하지 말아야 한다. 모든 일을 억지로 몰아가지 말고 단순할수록 좋다는 사실을 기억하라. •소크라테스

• • •

책 읽기의 첫 번째 조건은 삶을 단순화하는 것이다. 우리는 시간이 없다고 입버릇처럼 말한다. 시간은 누구에게나 평등하게 주어진다. 똑같이 주어진 시간 중에 하지 말아야 할 일을 하지 않는 것이 시간 활용에 유익하다. 줄여라! 생활에 불필요한 행동을 과감히 줄임으로써 새로운 일을 할 수 있는 시간이 만들어진다. 삶을 단순화

하면 목표에 집중할 수 있다. 책을 읽기 위해 책 읽는 것을 우선순위에 두어야 한다. 우리의 삶은 바쁜 와중에 한가함이 있고, 한가함 속에 바쁜 일이 있다. 삶을 단순화하면서 가치 있는 독서에 집중해야 한다. 종이는 구기면 쓰레기가 되지만 돈은 구겨도 가치를 잃지 않는다.

일상의 단순화

단순한 생활은 깊이 있는 삶으로 이어진다. 얕고 넓게 보는 것보다 깊이 있게 들이파는 것이다. 단순한 삶이 어제와 별반 다르지 않은 오늘로 이어지면 지루하게 느낄 수도 있다. 독서는 의미 없이 단순하게 보내는 것이 아니다. 독서하며 보내는 하루는 단순하지만 어제와 다른 오늘을 만난다. 독서가 생각의 차이를 만들어내기 때문이다. 독서와 함께하는 단순한 삶은 행복한 하루이며 새로운 하루이다.

단순한 삶은 화려하지 않다. 소박하다. 향기로운 차 한 잔을 마시듯 여유를 준다. 밥 먹을 때는 밥에 집중하고 노래할 때는 노래에 집중한다. 책을 읽을 때는 책에 집중한다. 단순한 삶은 현재에 집중하는 것이다. 단순함은 미사여구가 필요 없다. 심플! 그 자체다. 단순한 삶은 여유로우며 주체적인 삶으로 이어진다. 주체적인 삶은 우리를 행복하게 해준다.

단순한 것은 쉽다. 복잡한 것은 어렵다. 단순한 문제는 쉽게 풀수 있다. 복잡한 것은 풀기 어렵다. 우리의 삶도 그러하다. 삶이 어려울 때 단순하게 살아야 쉽게 풀린다. 삶이 헝클어진 실타래처럼 복잡하다면 풀기가 힘들다. 필요 없는 부분까지 소화해내려 하니 꼬이고 어렵다. 과감하게 잘라내는 용기와 배짱이 있어야 한다. 단순할 때 정리가 쉬워지고 빨리 안정을 찾는다.

일이 잘 풀릴 때는 복잡한 스케줄과 바쁜 삶은 큰 문제가 아닐수 있다. 삶이 막히고 어렵고 지칠 때는 단순해져야 한다. 자신에게 집중해야 한다. 조금은 바보스럽게 생활을 단순화해 보자. 삶이 쉬워진다. 쉬워지면 자신감도 생긴다. 독서로 삶을 단순화시키면 자존감도 상승한다. 독서는 자신감과 동시에 자존감을 높여주기 때문이다. 과감하게 'NO'라고 말할 수 있어야 한다. 타인에 의해 끌려가는 삶은 타인에게도 자신에게도 도움이 되지 않는다.

나의 경우 삶을 단순화하기 위해 3가지를 줄였다. 사교, TV 시청, 휴대폰 사용이다.

첫째, 사교

친구를 만나 수다로 시간을 보내는 것이 잠깐은 시원하고 유쾌할 때도 있었다. 그러나 헤어지고 나면 알 수 없는 공허감이 밀려와 더 힘들어질 때가 많았다. 그 시간을 먼저 줄였다.

둘째, TV 시청

저녁 시간이나 주말에 시간이 생기면 어김없이 TV 리모컨에 손이 갔다. 습관적으로 TV를 보았다. 드라마를 보기 시작하면 다음 내용이 궁금해서 또 보게 된다. 책 읽기를 시작하고 과감하게 TV를 포기했다. 많은 유혹이 있었지만 그보다 책 보는 것이 더 좋았다. 위로가 되고 뭔가 채워지는 기분이 들어 마음이 충만하고 좋았다.

셋째, 휴대폰 사용

제일 시간을 많이 잡아먹는 것이 휴대폰이다. 산속에 들어가지 않는 이상, 휴대폰을 단절하고 살 수는 없다. 습관적으로 들여다보는 시간을 줄여야 한다. 휴대폰 보는 시간을 줄이면 생각보다 많은 여유 시간이 생긴다. 꼭 필요한 시간 외에는 의식적으로 사용을 자제한다. 나의 경우 책에 대한 내용을 블로그에 작성하는 것 외에는 사용을 자제했다. 전화도 줄였다. 쇼핑, 게임, SNS를 최대한 자제했다. 무슨 재미로 사는가 싶지만, 책 읽는 시간은 그보다 훨씬 감동적이고 깊이 있는 생활을 선물했다. 그만큼 어딘가에 집중한다는 것은 매력적인 일이다. 책의 마법이다.

단순한 일상의 행복한 책 읽기

세상은 복잡하고 바쁘게 돌아가지만, 그 사이에 단순함을 놓치지 말아야 한다. 문득 올려다본 하늘 풍경을 마음에 담기도 하고, 가만히 피어 있는 들꽃에게 관심을 가져주고, 불어오는 바람을 손가락 사이로 느껴보자. 더디게 변하는 나무를 눈여겨보고 산책길에서 만난 새소리에 귀 기울여 보자. 단순함은 바쁜 생활에서 놓치기 쉬운 소소한 풍경을 선물한다. 바쁠 때는 보지 못했던 것을 보게 한다. 단순한 삶은 조화로운 삶을 만들어준다.

말에도 단순함이 필요하다. 지혜로운 사람의 말은 단순하다. 단순함은 길게 늘어놓지 않는다. 명확하고 간결하고 정확하게 전달한다. 주절주절 늘어놓으면 듣는 사람에게 혼란을 준다. 말에 미사여구나 군더더기를 붙일 필요가 없다. 생각이 정리되어 있으면 말도 단순하게 나온다. 세상은 복잡하고 해야 할 말도 많은 것 같지만, 정작 내게 필요한 말은 그리 많지 않다. 해야 할 일이 많을 때 마음이 조급해진다. 해야 할 말이 많을 때 말이 빨라지고 여유가 없어진다. 우리는 단순해질 때 가벼워지고 편안해진다.

무소유로 알려진 법정 스님은 단순한 삶을 실천한 스님이다.《살아 있는 것은 다 행복하라》에 보면 〈내 자신이 부끄러울 때〉라는 글을 만날 수 있다.

내 자신이 몹시 초라하고 부끄럽게 느껴질 때가 있다. 내가 가진 것보다 더 많은 것을 갖고 있는 사람 앞에 섰을 때는 결코 아니다. 나보다 훨씬 적게 가졌어도 그 단순과 간소함 속에서 삶의 기쁨과 순수성을 잃지 않는 사람 앞에 섰을 때이다. 그때 내 자신이 몹시 초라하고 가난하게 되돌아 보인다. 내가 가진 것보다 더 많은 것을 갖고 있는 사람 앞에 섰을 때 나는 기가 죽지 않는다. 내가 기가 죽을 때는 내 자신이 가난함을 느낄 때는 나보다 훨씬 적게 갖고 있으면서도 그 단순과 간소함 속에서 여전히 당당함을 잃지 않는 그런 사람을 만났을 때이다.

— 〈내 자신이 부끄러울 때〉

단순한 생활을 하며 독서에 집중하는 시간은 나에게 행복을 주었다. 독서를 통해 단순하지만 행복한 삶을 알게 되었다. 주말이 되면 새로운 곳으로 여행을 떠나고 싶을 때도 있었다. 갈 수 있는 상황도 아니었지만 독서를 하며 보낸 시간은 결코 불행하지 않았다. 보여주는 삶에서 벗어나 단순하게 살면서 오롯이 행복을 느끼는 시간이었다. 단순한 삶을 선택할 때 독서는 진실을 보여주고 아픈 마음을 다독여주고 치료해 주었다.

하루 종일 앉아서 책을 읽는 행위는 외부에서 보면 무료하고 지루해 보인다. 보는 사람과 다르게 책 읽는 사람은 그 순간 어느 때보다 역동적이고 감동적이다. 물질적으로 보여주는 삶이 아니라 정신적으로 채워가는 삶이다. "부디 단순하게 살아라." 선인의 말씀이 귓가에 울린다. 우리는 부족함보다 넘치는 것으로 곤란을 겪는 경우가 많다. 말과 행동뿐 아니라 물건을 사는 것도 그렇다. 욕심은 끝없이 넘치도록 채우고 싶어 한다. 꼭 필요한 말만 하고, 필요한 행동을 하며, 필요한 물건만 가지면서 좀 모자란 듯 살아가는 것이 삶을 단순화시킨다.

생활습관뿐 아니라 주변의 물건도 단순화시켜야 한다. 물건을 버리고 주변을 정리하는 것이다. 잡동사니가 쌓이면 정신까지 어지러워진다. 쓰지 않는 물건은 바로바로 버려야 한다. 물건뿐 아니라 1년에 한 번 정도 옷장을 정리하여 입지 않는 옷도 버려야 한다. 쌓아두기만 하면 잡동사니들이 언젠가 당신을 공격할지도 모른다. 주변을 정리하는 것은 잡념을 정리하는 것과 같다. 버리고 정리하고 단순화시키면 마음까지 깨끗해진다.

《월든》으로 유명한 헨리 데이비드 소로는 일찍이 단순한 삶을 살라고 말한 바 있다.

우리 인생은 중요하지 않은 일 때문에 쓸데없이 낭비된다. 단순하게, 부디 단순하게 살아라.
— 헨리 데이비드 소로

독서를 시작하고부터 삶은 극도로 단순해졌다. 직장에서의 시간을 제외한 나머지 시간은 독서를 우선순위에 두었다. 나의 복잡한 생각과 불안한 삶에 독서와 단순한 삶이 만나 충만한 삶을 만들어 주었다.

행복은 멀리 있는 것이 아니었다. 타인의 삶을 바라보며 그곳에 행복이 있다고 생각했다면 마음이 괴로웠을 것이다. 행복은 일상과 맞닿아 있었다. 지금 일상에서 알아차리지 못했던 행복을 찾는다면 바로 행복해질 수 있다. 단순하지만 행복한 삶은 독서로 인해 발견 되었다. 부디 단순하게 살라.

8

나와의 지루한 싸움

절대 포기하지 마라, 절대 포기하지 마라, 절대, 절대, 절대, 명예로움과 분별의 확신이 있을 때를 제외하고는, 대단하건 하찮건 작건 크건 절대 포기하지 마라. • 윈스턴 처칠

● ● ●

책 읽기를 시작하고부터 단 하루도 멈추지 않았다. 책이 없었다면 권태로웠을 것이다. 책이 있었기에 행복할 수 있었다. 책은 약간의 노력으로도 언제든 내가 생각하는 이상의 것을 내어 주었다. 책으로 배우는 데 권태를 느끼지 않았다. 배움은 일상을 새로움으로 바꾸어 주었다. 권태는 새로운 일이나 즐거운 일이 일어나지 않아서가 아니라 자극이 없기 때문이다. 책 읽기를 시도하는 것은 권태를 벗어나 열정을 쏟아붓는 일이다. 아침에 눈뜰 때 오늘 읽어야 할

책이 있다는 것이 나를 설레게 했다. 목표를 세우고 어딘가에 집중할 수 있다는 것은 지쳐가는 일상에 활력을 불어넣어 주었다. 책을 읽고 책 속에서 마음을 건드리는 글귀를 만나면 행복했다. 마음에 깨달음이 오면 심장은 뜨겁게 고동쳤다. 입속에선 노래가 나오고, 손과 발은 덩실덩실 춤을 추었다. 공감이 가는 대목에서는 무릎을 쳤다. '맞다! 맞아! 정말 그렇구나!'

노력하고 있다는 신호, 슬럼프

책을 읽을 때마다 매번 좋은 글귀를 만난다면 좋겠지만 그렇지 못할 때도 있다. 독서량이 늘어나면서 새로운 글귀와 감동을 만나는 시간도 점차 줄어든다. 읽었던 책의 내용과 겹치는 경우가 생기기 때문이다. 하루도 빠지지 않고 책을 보니 어느 순간 정체기가 온다. 슬럼프를 만난 것이다. 슬럼프는 빨리 지나가야 한다. 목표를 정하고 한곳을 향해 달려가다 보면 지치고 포기하고 싶은 순간이 온다. 이런 시기를 잘 극복해야 한다. 일상생활도 피곤함이 쌓인다. 이런저런 상황이 모여 슬럼프가 온다. 위기다. 슬럼프는 독서습관을 방해한다. 꾸준히 읽어오던 책 읽기에 빨간불이 켜진다.

슬럼프를 맞이하여 극복하는 방법을 찾아야 한다. 나의 경우 세 가지 방법을 써 보았다.

첫째, 힘들 때 나보다 힘든 사람을 생각했다. 나보다 힘든 사람을 보며 슬럼프는 엄살에 불과하다고 느낀다. 포기하지 말고 나아갈 것을 다짐했다. 이미 위기의 순간을 극복한 사람이 있지 않은가. 그도 나처럼 힘든 시기가 분명 있었을 것이다. 나라고 왜 못하겠는가. 다시 한번 힘을 내보자. 이렇게 마음을 다잡고 다시 일어서는 힘으로 바꾸어 냈다.

둘째, 독서하는 사람의 에너지를 느끼기 위해 책 읽기의 터전인 도서관에 들렀다. 누가 알아주든 알아주지 않든 묵묵히 자신의 길을 가는 힘이다. 도서관에서 독서에 관한 책을 들춰보았다. 독서법이 잘못되지는 않았는지 확인해 보았다. 기존의 방법과 다른 방법으로 독서해 보았다. 평소와 다른 종류의 책을 보기도 했다. 의지를 다지기 위해서 선현들의 정신에 접속한 것이 큰 도움이 되었다.

셋째, 독서하는 사람들과 모임을 가지거나 책 읽기 도전 중인 사람과 고충을 이야기하며 서로 내면에서 꿈틀거리는 열정을 공유하고 자극도 받았다.

슬럼프란 노력하지 않는 사람에게는 찾아오지 않는다. 열심히 노력한 이들에게 찾아오는 것이 슬럼프다. 아무것도 시도하지 않고 같은 자리에서 안주했다면 슬럼프를 느낄 이유가 없다. 슬럼프는 자신의 성장을 테스트하는 것이다. 위기가 곧 기회이듯 슬럼프는 자신을 성장시킨다. 슬럼프를 만나면 생각하시라! 나의 성장 신호구나! 위기와 슬럼프는 진화과정의 일부구나! 이 과정 역시 지나갈 거야! 지나고 나면 소중한 순간으로 기억된다! 시련 없이 쉽게 정상에 오르면 보람과 성취감을 찾기 힘들다. 슬럼프를 극복하면서 한 뼘 자란 자신을 만난다.

책 읽기는 화려하지 않다. 책 읽기는 일시적인 쾌락이 아닌 꾸준한 지속이다. 책 읽기는 밥 먹듯 매일 챙겨야 하는 일상이다. 책 읽기는 하루의 고단함을 내려놓는 시간이며 나태한 자신과의 싸움이다. 독서는 누군가와 함께할 수도 있지만 일정 기간 혼자 해내는 시간이다. 스스로 다짐하며 묵묵히 나아간다. 하루하루를 어떻게 보내느냐가 중요하다. 지금 최선을 다할 뿐이다.

지금이야말로 독서할 때다. 과일이 제철을 만나면 탐스럽고 싱그러우며 채소가 제철을 만나면 풍성해진다. 독서의 제철은 언제인가? 지금이다. 지금 독서하기 딱 좋은 나이이고 시기이다.

다시 독서 열정이 일어나면 슬럼프는 슬그머니 꼬리를 감춘다. 언제 그랬냐는 듯 독서의 길을 뚜벅뚜벅 걸어간다. 독서는 일상이요, 우리의 삶도 일상의 연속이다. 언제 다시 슬럼프가 권태의 탈을 쓰고 나타날지 알 수 없다. 이제는 슬럼프를 알아차린다. '또 그 시기가 왔구나!' '곧 지나가겠지.'

포기하지 않기

자기를 이김이 진짜 강함이다. 자신을 이기고 항상 나아가야 한다. 목표를 달성하는 사람들의 공통점은 나태하지 않기! 시간 관리 철저하기! 단순한 삶으로 한 가지 들이파기! 마지막으로 포기하지 않기! 여기서 핵심은 '포기하지 않기'이다.

우리에게도 가능성의 씨앗이 있다. 결실을 맺기 위해 인내의 시간이 필요하다. 누에가 느릿느릿 실을 자아내듯 끝까지 포기하지 않아야 한다. 언제나 시작과 끝은 스포트라이트를 받는다. 독서나 운동이나, 다이어트나, 목표를 세우고 시작을 알리면 처음엔 주위에서 관심을 가진다. 그것에 비해 과정은 어떠한가. 묵묵한 자신과의 싸움이다. 과정이야말로 꽃을 피우고 열매를 맺기 위해 꼭 필요한 시간이다. 조용한 침묵의 시간을 거치며 한 걸음씩 자신을 키워낸다. 시작과 끝은 많은 사람들과 함께 하지만 과정은 늘 혼자의 몫이다.

견뎌라, 포기하지 마라, 다시 힘을 내라. 과정의 시간이야말로 정성 들여 우려내는 진국의 시간이다. 나와의 싸움을 격려와 응원으로 채워라. 타인의 응원과 인정만 갈구하지 마라. 스스로에게도 칭찬해야 한다. '힘들지?' '잘하고 있어' '조금만 더 힘을 내!' '땀 흘린 만큼 언젠가 기쁨이 주어질 거야!' '넌 언제나 최고야!' '할 수 있어!' '할 수 있다고 믿어!' 응원은 용기와 힘을 준다. 힘들고 지칠 때, 포기하고 싶을 때, 칭찬과 자기 암시를 통해 극복하길 바란다.

믿어주는 한 사람만 있어도 우리는 달라진다. 그 한 사람이 자신일 때 폭발적인 힘을 발휘한다. 믿음의 힘은 강력하다. 나를 이기는 힘은 나를 아는 것이다. 할 수 있다고 생각하는 순간 우주의 모든 기운이 당신을 돕는다. 독서를 시작하고 현재까지 가슴 뛰는 삶을 살고 있다. 독서할 때는 나로 살기 때문이다. 타인의 시선에서 자유로워진다. 독서는 오롯이 나를 만나는 시간이다. 나와의 싸움은 곧 나와의 화해와 용서의 시간이고, 다시 일어서는 힘이다. 비 온 뒤에 땅이 더 단단해지고 굳어진다. 나와의 지루한 싸움은 앞으로도 종종 일어날 것이다. 그때마다 조금 더 나를 알아가는 시간으로 채울 것이다.

독서를 하다 보면 순간순간 위기가 온다. 그럴 때마다 마음을 다잡는 방법을 찾아야 한다. 고비가 오더라도 우리 모두 힘을 내었으면 한다. 그저 포기하고 주저앉기엔 인생이 너무 귀하고 짧다.

자신과의 싸움으로 마음을 다잡는 데 오랜 시간이 걸리지 않길 바란다. 넘어지면 툭툭 털고 일어나서 다시 나아가면 된다. 포기만 하지 않으면 언젠가는 결승선에 도착한다. 조금 빠르고 늦고는 중요하지 않다. 우리가 지금 나아가고 있다는 것이 중요하다.

새로운 세상을 만나다

책은 나에게 새로운 세상을 보여주었다. 나만 괴롭고 나만 힘들다고 생각한 그때, 책은 내가 볼 수 없었던 다양한 세상을 보여주었고, 갈 수 없던 곳으로 데려다주었다. '나와 같은 사람도 있구나.' '나보다 더 힘든 사람도 있구나.' 이렇게 생각하니 이상하게 힘이 났다. 혼자가 아니라는 것을 알게 되면서 우리는 서로 연결되어 있고 다르지 않음을 알았다. 책을 통해 세상을 바라보게 되었다. 주변에서 지역사회로, 국가로, 우주로, 생각의 폭을 넓혀 주었다. 혼자만의 삶이 아닌 더불어 살아가고 있었다. 책은 얼음처럼 차가운 나의 삶을 녹여주는 태양이었다. 어두운 동굴에서 벗어나 세상을 바라볼 수 있게 해 주었다. 책은 세상을 보는 창이었다.

당신은 책을 좋아하지 않을지도 모른다.
또한, 당신의 생활은 부질없는 야심과 쾌락을 추구하는 데 바쁠지도 모른다.
그러나 세상은 당신이 생각하는 것보다 훨씬 광범위하다.
그 세계는 책에 의해 움직이고 있다.
– 볼테르

1

눈을 뜬다는 것

일생의 계획은 어릴 때 세운다. 일 년의 계획은 봄에 세운다. 하루의 계획은 새벽에 세운다. 어릴 때 공부하지 않으면 늙어서 아는 것이 없다. 새벽에 일어나지 않으면 그날에 할 일을 하지 못한다. **• 공자**

● ● ●

아침이면 어김없이 눈을 뜬다. 아침을 맞이하는 나의 마음은 책 읽기를 몰랐을 때와 독서를 시작한 후로 나눌 수 있다. 똑같이 주어지는 하루지만 생각에 따라 이렇게나 달라졌다.

독서 전

아침에 눈을 뜨면 온몸이 물먹은 솜처럼 무거웠다. 눈을 감은 채 하루의 고단한 무게감을 느꼈다. 손을 더듬어 휴대폰으로 시간을 확인한다. 더 이상 지체할 시간이 없었다. 출근준비를 해야 했다. 어제와 똑같은 오늘이 이어질 것이었다. 새로울 것도 없고 설렐 것도 없었다. 몸은 로봇처럼 나의 명령 없이도 습관에 따라 움직였다. 주체적인 움직임이 아니라 그저 익숙하게 이곳저곳을 다니며 아침을 맞이했다. 30대는 한창 몸이 활발하게 움직이는 나이다. 아이를 유모차에 태우고도 번쩍 들어올리는 힘이 있을 때이고 장바구니를 양손에 들고 나머지 하나는 입에 물고 뛰어갈 수 있는 나이다. 나의 몸은 그리 무겁지 않지만, 마음의 무게가 내 몸을 무겁게 하고 있었다. 눈을 뜬다는 건 힘겨운 하루를 알리는 신호였다.

독서 후

아침에 일찍 눈을 뜨기 위해 잠자리에 들기 전 알람을 맞춘다. 새벽에 일어나 책을 읽기 위해 알람을 맞추는 것이다. 새벽 5시. 일찍이 깨어본 기억이 없기에 알 수 없다. 좌식의자에 앉아 책을 편다. 하루 1권의 목표량을 시작하는 것이다.

새벽은 조용한 침묵의 시간이다. 새벽을 좋아하는 사람은 부지런하다. 새벽에 홀로 깨어 있으면 오롯이 자기만의 세상에 접속한다. 새벽은 하루 중 일부지만 아침과는 또 다른 세상이다. 세상이 깨어나지 않은 시간이며 새로운 하루가 태어나기 전, 잉태의 시간이다.

제2장 새로운 세상을 만나다

새벽과 책

새벽과 책은 찰떡궁합이다. 서로를 돕는다. 새벽에 깨어나 책 읽는 시간은 자신을 들여다보고 성장시키는 알짜배기 시간이다. 자신의 삶에 최선을 다하는 사람을 보면 좋은 기운을 느낀다. 최선의 노력은 스스로를 성장시켜서 고난과 역경을 이겨낸다. 그 모습은 보는 이로 하여금 다시 일어나는 힘과 용기를 준다. 자신의 노력으로 환경을 바꾸는 모습은 떳떳하고 모범이 된다. 새벽 시간을 이용해 스스로 돕는 사람이 된다면 하늘도 스스로 도울 것이다. 새벽에 일어나 책을 보며 느꼈던 크고 작은 감동이 온종일 남게 된다.

일찍 자고 일찍 일어나면 건강해질 수도 있고, 부유해질 수도 있으며, 지혜로워질 수도 있다.
— 벤저민 프랭클린

새벽이 되면 잠자던 육체를 깨운다. 어두운 집안에 한 줄기 빛을 밝힌다. 밤새 지키던 침묵을 책으로 깨우고 물을 끓여 커피 한 잔을 내린다. 책과 커피는 오늘도 수고할 당신에게 주는 선물이다. 차 한 잔의 여유와 책 한 권의 위로는 무엇과도 바꾸지 못할 만큼 소중하다. 새벽은 행복을 준다. 잠자던 의식을 깨운다. 조용하게 기다리는 책을 깨워 책 속 글귀를 만난다. 매일 똑같은 일상이지만 새로움으로 맞이한다. 소소한 일상의 소중함을 느낀다. 하루를 새롭게 만드는 것은 책의 힘이다.

제2장 새로운 세상을 만나다

2

나만의 세상을 벗어나

만약 당신이 남자를 현재의 모습으로만 대한다면 그는 언제나 그런 모습으로 남을 것이다. 만약 그를 그가 되어야 하는 어떤 모습으로 대우한다면 그는 보다 크고 멋진 남자가 될 것이다. •괴테

● ● ●

나를 괴롭힌 것은 '나만 힘들다'는 생각이었다. 나만 힘들다고 생각한 그 순간 정말 나만 힘들었겠는가. 독서는 나만의 세상을 벗어나 우리를 생각하게 한다.

책과 현실 사이

책은 주체적인 행위이다. 보고, 느끼고, 감동하고, 생각하게 한다. 책을 보며 느낀 감동은 쉽게 잊히지 않는다. 책이 삶과 맞닿아 있

음도 알 수 있다. 책을 읽을 때는 '삶의 고난과 역경을 이겨낸 사람은 너무 멋져!' '나도 바뀌어야 해!'라고 생각하며 책을 덮는다. 현실은 어떠한가? 책 속을 벗어나 현실로 돌아오면 금방 잊어버린다. 책 읽기를 시작할 때 꾸준히 읽어야 하는 이유를 알 수 있다. 덮고 나면 잊어버린다.

생각도 습관이니 지속해야 한다. 새로운 습관을 들이거나 기존습관을 바꾸기 위해 일정 기간 포기하지 않고 반복해서 노력해야 한다. 지속하는 힘은 생각 습관을 바꾸는 데에도 여지없이 적용된다. 책 읽기에 도전했다면 헛짓하지 말고 책에만 집중하자. 그렇게 한다면 책은 당신의 변화를 도울 것이다.

책은 나만의 세상을 벗어나 다양한 모습을 펼쳐 보인다. 타인을 바꿀 수 없다는 메시지와 내가 바뀌어야 한다고 조언해 준다. 나를 바꾸기도 힘든데 어떻게 타인을 바꾸겠는가. 맞는 말이다. 그럼에도 나를 바꾸려 하지 않고 네가 바뀌어야 한다고 생각한다. 바뀔 리가 만무한데 말이다. 그렇다면 나를 바꾸어보자! 그 방법이 가장 빠르다. 책을 읽는 핵심은 나를 알아가는 과정에 있다. 나의 문제점이 무엇인지, 어떻게 바꾸어야 하는지, 현실에 적용해 보면 된다.

나를 바꾸기 위한 시도

첫 번째, 사용하는 언어를 바꾸는 것이다

부정적인 언어를 줄이고, 말을 시작할 때 부드럽게 하는 것은 아주 효과적인 방법이다. 부드러운 말의 힘은 상상 이상이다. 조용하고 부드럽게 말을 시작하고 얼굴에는 미소를 띄워본다. 처음에는 상대방이 의아하게 생각할지도 모르지만, 시간이 지나면서 상대의 표정이 나와 닮아간다. 거울과 같다. 부드럽게 말하니 부드럽게 답하고 웃어 보이니 웃어온다. 이 방법은 진실이고 진리다. 신통방통하다.

두 번째, 화가 날 때 말을 참는 것이다

시간은 90초. 화가 나서 부정적인 언어가 입 밖으로 나오려고 들썩일 때 혀를 깨물어 참는다. 90초가 지나면 폭발할 것 같은 화도 수그러든다. 일단 멈춘 후 '9시간 후에 이야기해야지.'라고 생각하라. 그러면 9시간 후에 내가 무엇 때문에 화가 났었는지조차 기억나지 않는다. 잊어버리지 않고 이야기를 하더라도 9시간이 지난 후에는 부드럽게 말을 시작할 수 있다. 물론 잘 안 된다. 자주 하다 보면 뇌가 기억을 한다. 자꾸 시도하다 보면 10번에 한두 번은 된다. 변화는 서서히 일어나기 때문이다.

세 번째, 감사하는 마음이다

지금 이 순간을 감사하는 마음이다. 지금보다 안 좋은 상황을 생각하며 현재 가진 것에 감사한다. 감사의 힘은 실로 대단하다. 감사하다는 말을 의도적으로 한다. 집에서도 사소한 일이라도 당연하게 생각하지 않고 '고마워!'라고 말한다. 일터에서도 의도적으로 '감사합니다'를 하루에 최소 20~30번 한다. 평소에 잘 쓰지 않던 표현이라 처음에는 어색하고 쑥스럽다. 자꾸 말하다 보면 습관처럼 나온다. '감사합니다'는 따라쟁이다. 내가 말하면 나에게 돌아온다. '감사합니다'를 사용하고부터 주위에 '감사합니다'를 사용하는 사람이 많아진다.

변화의 시작은 내가 먼저

변화는 한 번에 일어나지 않는다. 여러 번의 실수를 거치며 서서히 일어난다. 충분한 담금질을 통해 굳어지고 단단해지면서 자리를 잡는다. 내가 긍정하면 주위도 긍정한다. 혼자서 바꾸기 힘든 소소한 변화를 책이 도와준다. 방법을 알았으면 적용해본다. 책을 읽어야 하는 이유는 다른 곳에 있지 않다. 자신과 맞닿아 있는 일상을 변화시키는 것부터 시작이다. 변화는 서서히 일어난다.

우리는 흔히 '내 마음 같지 않네.'라고 말한다. 솔직히 내 마음 같지 않은 때가 더 많다. 내 입안의 혀도 깨물 때가 있는데 타인의 마음이 같기를 바라는 것은 욕심이다. 그저 나와 생각이 다르다고 생각하라. 나와 같기를 바라는 순간, 마음의 욕심이 일어나고 화가 올라온다.

상대방을 위해 무언가를 해줄 때 그 마음이 참 예뻐 보이고, 그 모습이 아름다워 보인다. 보고 있자면 아름답다는 말이 나온다. 우리가 상대방을 위해 무엇을 해줄 수 있을까를 고민하고 실천한다면 충분히 젊고 아름다운 인생을 만들어갈 수 있다. 나만의 세상에서 벗어나 너에게 다가간다. 상대방을 미소 짓게 하고 웃게 하는 것은 의미 있는 삶이다.

나만의 세상은 좁고 답답하다. 나만 그렇게 느끼는 것일까? 옆에 있는 사람도 그렇게 느낀다. 나만의 세상을 벗어날 수 있는 것이 독서다. 우리는 흔히 자기 생각에 갇혀 있는 사람을 우물 안 개구리라 한다. 독서는 다양하게 보여주고 유연한 생각을 가지게 한다. 나만의 세상을 벗어날 때 네가 보이고 우리가 보인다. 책을 읽으며 끊임없이 상황에 대입해보며 방법을 강구한다. 존중하지 못하면 존중받지 못한다. 서로는 거울이다. 내가 찡그리고 있는데 상대방이 웃기를 바랄 수는 없다. 변화의 시작도 내가 먼저다.

3

공감, 그 따뜻한 느낌

사람은 모두 입 안에 도끼를 가지고 태어난다. 어리석은 사람은 말을 함부로 하여 그 도끼로 자신을 찍고 만다. **·법정 스님**

● ● ●

공감이야말로 책을 읽는 이유이다. 공감하기 위해 읽는다. 공감은 끄덕임이다. 공감은 인간이 느끼는 위대한 감정이다. 공감하며 힘을 주고 공감받으며 위로받는다. 공감은 너와 나의 공간을 하나로 묶는다. 공감은 배려이고 관심이고 표현이다. 책을 읽으며 가장 먼저 느끼는 감정은 공감이고 끄덕임이다. 그렇구나! 그렇구나! 타인의 삶을 들여다보며 공감하고 느끼고 위로받고 치유받게 된다.

명언과 책 속 글귀

공감을 나누기 위해 다양한 SNS를 통해 명언과 책 속 글귀를 나누었다. 한 사람이라도 공감을 한다면 그것으로 만족했다. 공감은 또 다른 공감을 불러왔다. 공감 숫자에 연연했다면 글 올리는 것을 지금까지 지속하지 못했을 것이다. '단 한 사람이라도 명언이나 책 속 글귀를 보며 마음의 위로와 힘을 얻는다면 좋겠다.'는 생각이 전부였다.

책을 읽으면 읽을수록 책 속으로 빠져드는 것은 공감의 힘이었다. '힘들어하는 이유는 각자 다르지만 다른 사람들도 괴로워하며 힘들어하고 고통스러워하고 있구나.' '그래, 나도 힘을 내고 힘들어하는 또 다른 사람에게도 힘을 나누어주자.' 독서를 하며 포기하고 싶을 때가 있었음에도 지금껏 이어온 이유는 바로 이런 마음 때문이었다. 대단한 일을 한다고 생각하지는 않았다.

내가 밝히는 작은 촛불 하나가 나처럼 힘들어하고 있는 사람에게 힘이 되었으면 했다. 작은 빛이라도 밝혀 주고 싶은 신념이 생긴 것이었다.

가정에서의 공감

공감이 중요한 이유는 멀리에서 찾지 않아도 된다. 가정에서도 공감이 필요하다. 남편과 사이가 좋지 않을 때는 공감을 느끼지 못했다. 나만 힘들다는 생각에 갇혀 있었기에 공감이 있을 리 만무했다. 공감은 상대를 향한 관심이고, 상대를 바라보는 것이다. 바라보지도 않고 공감을 어떻게 찾을 수 있겠는가. 미안하게도 어떤 때는 투명인간 취급을 하곤 했다.

독서를 하면서 배우자를 바라보기 시작했고, 고개를 끄덕이기 시작했다. 하루에 5분 정도였지만 그 효과는 대단했다. 부부 사이에 필요한 것은 거창하고 대단한 것이 아니었다. 귀 기울여주고 고개 끄덕여주는 공감이 필요했다. 교감하며 공감받고 있다고 느낄 때 치유가 시작됐다.

공감은 따뜻하다. 공감은 얼어있는 마음을 녹여준다. 공감은 누군가 나를 알아주고 관심 가져주기에 따뜻하다. 공감은 해답을 주거나 결론을 내리는 것이 아니다. 그저 들어주고 끄덕여주는 것, 그것이야말로 최고의 공감 표현이다. 공감은 굳어 있는 표정을 풀어준다. 공감해주는 사람 앞에서는 경계를 풀게 된다. 감정의 무장해제를 하고 속마음을 드러낸다. 공감은 인간관계의 꽃이다. 꽃향기는 주위를 기분 좋게 한다. 사랑하는 마음이 없으면 공감도 일어나지 않음을 기억해야 한다.

배우자와 관계가 좋지 않을 때 관계개선의 8할이 공감이다. 공감은 얼음처럼 차가운 관계를 따뜻하게 녹여준다. 말을 들어주며 추임새를 넣어주는 것이 공감의 시작이다. '아… 그랬구나!' '그랬어?' '대단하다!' '그래 맞아.' '오늘은 어떻게 지냈어?' '힘들었지?' 라며 관심을 가져주고 집안일을 도와주면 '고마워, 역시 최고야.'라며 감사함을 표현한다. 아이들을 키울 때도 칭찬, 관심, 표현이 필요한 것이요, 어른도 다르지 않다. 어른이나 아이나 인정받고 싶고 관심받고 싶은 마음은 똑같다.

인간관계에서의 공감

인간관계에서 성공할 수 있는 방법도 다르지 않다. 공감은 상대에 대한 관심이다. 미소로 표현되기도 하고, 웃음으로 표현되기도 하며, 칭찬 한마디로 표현되기도 한다. 인간관계에서 가능한 것이 공감이다. 공감은 나눌수록 관계가 좋아지고 주위가 밝아진다. 상대방의 마음을 읽는다는 것은 쉬운 일이 아니다. 대화자의 마음 가까이 가기 위해 상대방의 입장이 되어 생각해봐야 한다.

말을 유창하게 한다고 해서 대화를 잘하는 것이 아니요, 상대의 마음을 알아가려는 경청의 자세가 공감으로 이어진다. 공감은 좋은 관계로 연결된다.

우리는 지금 공감에 목말라하고 있다. 주위 사람들과 대화할 때

'그래, 그렇구나!' '좋아! 좋아!' '맞아! 맞아!' 공감의 언어로 충분히 샤워시켜주자. 사람과의 관계가 좋은 감정으로 무럭무럭 자랄 것이다. 그도 어렵다면 그저 가만히 들어주고 귀 기울여 주는 것만으로도 공감을 끌어낼 수 있다. 나를 알아가듯 상대를 알아가려는 마음이 공감이다.

제2장 새로운 세상을 만나다

4

당신을 이해합니다

성격이 모두 나와 같아지기를 바라지 말라. 매끈한 돌이나 거친 돌이나 다 제각기 쓸모가 있는 법이다. 남의 성격이 내 성격과 같아지기를 바라는 것은 어리석은 생각이다. • 도산 안창호

• • •

이해는 어디에서 올까? 다름을 인정할 때 이해가 된다. 흔히 '이해하려고 해도 도저히 이해가 안 된다고 말한다. 그 마음은 나와 같지 않음에서 시작된다. '나는 열심히 살려고 아등바등하는데, 왜 나와 같지 않은 거지?' 이해가 없으면 칼날처럼 날카롭게 대하기도 하고 침묵으로 대하기도 한다. 나와 같지 않음에 화를 드러낸다.

독서의 목적

책을 읽는 목적이 있었다. 독서의 목적은 나를 다스리고 남편을 이해하는 것이었다. 독서를 통해 변화를 시도하고 바뀌기 위한 노력도 했다. 어느 순간 이해할 수 없었던 일이 이해가 되었다. 환경이나 상황은 변한 것이 없었다. 그럼에도 불구하고, 생각의 전환으로 미움은 사라지고 연민과 측은지심이 생겼다. 독서를 하면서 나부터 이해하고 용서해야 한다는 것도 알게 되었다. 내 마음이 미운데 어떻게 상대방을 예뻐할 수 있겠는가! 내 마음이 행복하지 않은데 어떻게 상대방에게 행복을 전할 수가 있겠는가! 이해와 용서에 대해 책을 보며 생각했다. '나에게 편지를 쓰자!' 나를 이해하고 용서하는 글을 썼다. 내 마음을 솔직하게 적고 나를 용서하기로 했다. '그래 고생했어.' '이해한다.' 종이 위로 눈물이 떨어졌다. 나를 용서하고 나니 상대방을 용서할 여유가 생겼다. 나만 힘든 것이 아니었구나. 나보다 당신이 더 힘들었구나! 이해해주지 못한 것이 마음 아팠다. 그 마음이야 오죽했을까!

사람의 크기를 그릇에 비유하기도 한다. 그릇이 큰 사람은 더 많은 것을 담을 수 있다. 독서는 마음의 그릇을 키우고 이해의 폭을 넓히는 과정이다. 나를 이해하지 못하면 상대를 이해할 수 없다. 우리는 홀로 존재할 수 없기에 서로를 이해해야 한다. 이해는 멀리 있는 것 같지만 가까이에 있다. 이해는 내 안에 있다. 우리에게 이해할 수 없는 고통이 찾아왔다면 어둠 뒤에는 빛이 찾아온다는 우주의 법칙을 기억해야 한다.

이해한다는 것

하루를 살아가면서 이런저런 일로 상처를 받기도 한다. 홀로 살아갈 수 없기에 인간관계를 현명하게 대처하는 것이 필요하지만 힘겨울 뿐이다. 스스로 감정 조절을 할 수 있다면 얼마나 좋을까? 우울한 것이 쌓이고 쌓여서 한꺼번에 폭발한다면 돌이킬 수 없는 상태로 몰아갈 수도 있다. 옷에 묻은 얼룩도 바로 씻어 말린다면 쉽게 지울 수 있다. 우리의 감정도 마찬가지다. 우울한 이유, 억울한 사연, 답답한 심정을 '임금님 귀는 당나귀 귀……'라고 시원하게 외치고 싶을 것이다. 내 말을 들어줄 대상이 필요하다. 찾기가 쉽지 않다면 대상을 찾기보다 자신에게 솔직하게 이야기해 보는 것이다. 속으로 상처가 곪는 것보다 내가 나를 알아주고 인정해주는 것은 중요한 의미가 있다. 타인에게 인정받기보다 자신의 인정이 먼저이다. 감정의 찌꺼기가 말라 굳기 전에 털어내는 과정은 빠를수록 효과적이다.

이해한다는 것은 받아들이는 것이다. 지금의 상황을 있는 그대로 받아들인다. 상대방을 향한 원망을 멈추고 있는 그대로를 바라본다. 마음이 편안해진다. 때론 힘들면 나보다 더 힘든 상황을 생각해

본다. 몸이 건강하다는 것만 해도 얼마나 감사한 일인가! 경제적으로 풍족해도 건강하지 못하다면 그 고통을 비교나 할 수 있겠는가. 우리는 용서함으로써 용서받을 수 있고 이해함으로써 이해받을 수 있다. 이해와 용서는 나에게서 시작되어 상대에게 이어진다. 살아 있는 동안 모든 상황이 종료된 것은 아니다. 이 모든 상황은 현재 진행형이다. 힘든 과거에 살기보다 현재를 살아가야 한다. 미래를 희망해야 한다. 용서하고 이해하고 툭툭 털어내고 현재를 살자. 과거의 실수를 통해 여러 가지 감정을 맛보았다면 이해의 폭은 더 넓어질 것이다.

이해하면 행복하다

우리는 늘 행복이 멀리 있다고 생각한다. 지금 이 순간 내가 가진 것에 대해 감사하는 마음을 가지는 것만으로 행복할 수 있다. 달라진 것은 없는데 마음이 달라지면서 행복을 느낀다. 생각을 다르게 하면서 행복을 찾을 수 있다.

이해는 창문의 유리와 같다. 집안에서 밖을 내다본다면 나무나 창밖의 풍경을 있는 그대로 볼 수 있다. 시선을 돌려 거울을 본다면 은칠을 해두어서 자신을 보게 된다. 이해는 자신보다 타인을 바라볼 때 생겨난다. 거울보다 유리창의 마음으로 상대를 바라볼 필요가 있다. 그래야 이해가 되고 이해할 수 있다. 색을 입히지 않고 있는 그대로를 바라보고 있는 그대로를 사랑할 수 있을 때 행복하다. 지금 행복해야 한다. 지금 아니면 언제 행복할 수 있겠는가. 우리에게 내일은 존재하지 않을 수도 있다. 지금 용서하고, 지금 받아들이면 당장 행복해질 수 있다.

　나. 를　이. 해. 합. 니. 다!　당. 신. 을　이. 해. 합. 니. 다!

5

반복, 또 다른 새로움

인간은 어떤 한순간의 노력으로 특정 지어지는 것이 아니라, 반복되는 행동에 의하여 규정된다. 그러므로 위대한 것은 습관이다. • 아리스토텔레스

● ● ●

우리 삶은 반복의 연속이다. 밥 먹는 것, 운동, 숨쉬기, 공부, 독서, 매일 똑같은 일을 되풀이한다. 반복은 같은 일을 되풀이하는 것이지만 변화를 만들어내는 마법이 숨어 있다. 매일 밥을 먹으면 피부에 윤기가 흐르고 운동을 반복하면 몸에 근력이 생긴다. 숨쉬기를 반복하며 어제와 다른 오늘을 살아간다. 공부는 반복을 통해 더 잘하게 된다. 반복은 더 잘하게 되고 세련되게 한다. 반복은 아마추어를 프로로 만들어준다. 독서도 반복이다. 매일을 하루같이 읽는다. 밥 먹듯 읽고 양치하듯 읽는다. 반복은 똑같음 속에서 다름을

만들어낸다. 책 읽기를 반복하면 속도가 빨라지고 생각의 변화가 일어난다.

반복 독서는 서두르지 않으며 늦추지도 않아야 한다. 꾸준하게 이어가야 한다. 읽는다는 것은 타인의 생각을 들여다보는 것이다. 간접경험이다. 작가의 경험과 생각을 따라 여행한다. 어떤 때는 생각을 흡수하기도 하고, 어떤 때는 자신의 새로운 생각을 만들기도 한다. 독서는 창조로 이어진다. '나라면 어땠을까'를 생각한다.

반복은 단순하고 무료하다고 생각한다. 그러나 반복을 자세히 들여다보면 우리가 행동하는 진실과 변화가 숨어 있다. 반복은 일을 완성하는 힘이다. 논어를 보면 반복적으로 하는 행위를 그만두지 않아야 일을 완성할 수 있고, 마지막 한 번이라도 반복하지 않는다면 일이 진전되지 않는다고 했다.

비유하자면 산을 쌓다가 한 삼태기의 흙이 모자라는 상황에서 그만두었다 하더라도 그것은 내가 그만둔 것이다. 또한, 비유하자면 땅을 평평하게 하기 위해 한 삼태기의 흙을 갖다 부었어도 일이 진전되었다면 그것은 내가 진보한 것이다.(子曰, 譬如爲山, 未成一簣, 止, 吾止也. 譬如平地, 雖覆一簣, 進, 吾往也.)

—《논어》제9편 자한

반복은 일을 진전시키고 완성시키는 힘이다. 반복의 과정에서 느끼는 경험과 깨달음은 오롯이 자기 인생의 밑거름이 된다.

모든 일이 반복의 연속이듯 독서도 반복을 통해야만 한다. 마음을 편안히 가지고 반복적으로 읽는 것이 비법이다. 별다른 비법이 없다. 부지런히 반복하다 보면 자기가 이루고자 하는 방향으로 나아가고 목표한 바를 이룰 수 있다. 독서가 당신을 돕기 때문이다. 아침에 일어나 책 보고, 출근길 이동 중에 책 보고, 일하는 중간 중간에 책 보고, 퇴근하고 밥 먹은 후 책 보고, 잠자리에 들기 전에 책을 본다. 책 보는 것이 반복됨을 알 수 있다. 이런 생활을 하루도 거르지 않고 목표한 1000일 동안 한다. 덩어리로 보면 거대해 보이지만 작은 반복을 거쳐 이루어진다.

작은 반복은 만만하다. 할 수 있다는 자신감을 준다. 만만하게 계획을 세우고 반복한다면 작은 반복이 모여 목표를 달성할 수 있다. 그 일이 무슨 의미가 있는지 의구심을 가질 수 있다. 우리는 목표한 바를 이루게 되면 나도 할 수 있다는 자신감이 생긴다. 성공 경험을 하는 것이다. 본인의 경험은 스스로의 노력으로 얻은 것이기에 돈으로 환산할 수 없을 만큼 값진 것이다. 앞으로 살아가는 데 밑거름이 된다.

우리의 일상은 밥 먹듯 숨 쉬듯 의식할 수 없을 정도로 자연스럽게 돌아간다. 이처럼 독서도 자연스러워야 한다. 처음 독서를 시도할 때는 규칙적으로 하겠다는 의지도 다지고 계획한 독서량을 해내려는 노력도 필요하다. 반복을 통해 독서습관이 자리 잡힌 후에는 독서를 해야겠다고 생각하기도 전에 손이 알아서 책을 들게 된다. 당신도 일상 중 매일 하는 행동이 있다. '그 일은 꼭 해야지' 하며 의식하지 않아도 하게 된다. 독서도 다를 바가 없다. 반복에 집중하면 가능한 일이다.

> 일과는 하나도 빠뜨려서는 안 된다. 사정이 있다고 거르게 되면 일이 없을 때에도 또한 게을러지게 마련이다
> — 홍석주

독서는 반복이다

우리는 흔히 바빠서 책 읽을 시간이 없다고 한다. 이런 경우 대부분 시간이 있어도 책을 읽지 않는다. 책은 읽어도 되고 읽지 않아도 된다. 강요에 의해 읽을 수 없다. 책을 왜 읽어야 하는지 스스로에게 묻고 답해야 한다. 자신이 일상의 새로움을 느끼고 싶거나, 현재 삶에서 도약하고 싶거나, 미래가 불투명하고 불안하다면 책을 읽어야 한다. 나도 삶의 고단함과 지친 영혼을 치유하고, 생활의 변화를 이루어 내기 위해 책 읽기를 시작했다. 책을 읽어야 하는 자신만의 이유가 필요하다. 스스로 읽겠다고 다짐하는 순간 상황은 바뀐다. 당신이 스스로를 돕게 되고 주변도 당신을 도울 것이다. 책을 읽어야 하는 이유가 생각나지 않는다면 이유를 만들면 된다. 당신이 책

을 읽어야 하는 이유를 만나길 바란다. 그 힘이 독서의 길로 안내할 것이다.

독서는 책을 통한 저자와의 만남이다. 저자는 다양한 분야의 전문가이고 내공이 있는 사람이다. 그들을 직접 만나서 이야기하면 좋겠지만 바쁜 일상을 소화하며 해내기 힘들다. 다행히도 그들의 책을 통해 삶을 들여다보며 살아가는 데 필요한 삶의 재료를 얻기도 하고 힘을 받는다. 책 읽는 사람은 어려움이 닥쳐도 이겨낼 수 있는 근력이 있다. 자신이 원하는 방향으로 삶을 주체적으로 살아갈 수 있다.

반복은 단순하지만 그 속에 비밀이 숨어있다. 반복을 통한 새로운 시도, 성장, 가능성, 성공이라는 많은 의미를 담고 있다. 이율곡 가문의 독서비법에도 반복독서를 강조하고 있다. "책은 반복해서 읽고 또 읽어라"고 했다. 양서인 고전을 반복적으로 읽는 방법일 수도 있고 새로운 책을 끊임없이 읽는 반복독서일 수도 있다. 다시 한번 반복독서를 강조한다. "독서는 죽어서야 끝나는 것"이라고 했다. 독서를 꾸준히 하라는 강렬한 메시지다. 어떤 일을 반복하느냐에 따라 삶의 방향도 달라진다.

말은 생각이 되고 생각은 행동이 되고 행동은 습관이 되고 습관은 가치관이 되고 가치관은 당신의 운명이 된다.
— 마하트마 간디

6

짬짬이 책 읽기

읽은 책이 한 권이면 한 권의 이익이 있다. 하루 종일 글을 읽었다면 하루의 이익이 있다. • **과문철**

● ● ●

아침부터 바쁘다. 바쁜 일상에 짬짬이 시간을 예찬한다. 그때그 때, 간간이, 틈틈이 시간은 독서에 빼놓을 수 없는 소중한 시간이 다. 짬짬이 시간이 모이면 엄청난 힘이 된다. 나의 독서 8할이 짬짬 이 시간의 위력이다. 아이를 키우며 직장에 다니다 보니 주어진 24 시간 중 독서시간을 뚝 떼어 사용하기가 힘들었다. 짬짬이 독서를 해야만 했다.

이동 중 독서

역경은 기회다. 출근 시간 40여 분을 이용해 책을 읽기로 했다. 이동 중에 책을 읽는 것은 머리가 흔들리고 멀미가 난다. 지금껏 차 안에서 책을 읽은 적이 없기도 하고 초등학교 시절에 차 안에서 고개만 숙이고 있어도 멀미가 났던 기억이 난다. 그렇다고 아까운 시간을 그냥 흘려보낼 수 없었다. 독서를 하겠노라 스스로 약속한 터였기에 실천해야 했다. 퇴근 시간에는 책을 읽을 수 있는 여건이 되지 않아서 출근 시간만큼은 짬짬이 시간을 활용해보기로 했다.

이동 중인 차 안에서 책을 읽는다는 것은 생각만큼 쉬운 일은 아니었다. 아침에 출근하면서 책을 읽으면 속이 울렁거리고 여지없이 멀미가 났다. 포기하고 싶은 생각이 들었다. 만약 그때 포기했다면 독서목표를 달성하지 못했을지도 모른다. 바쁜 일상 속에서 짬짬이 시간은 나의 독서목표의 중요한 부분이었다. '계속해보자. 계속하다 보면 익숙해지겠지.' 그렇게 매일 아침 책을 읽으며 출근했다. 멀미가 나고 어질어질해지고 속이 울렁거릴 때는 두통약을 먹었다. 이런 생활을 반복했다. 정확히 며칠이 지났는지 기억나지 않지만, 어느 순간 몸이 받아들인 것일까? 약 없이도 차 안에서 책 읽는 것이 수월해지고 괜찮아졌다. 지금 생각해도 좋은 습관을 얻은 것 같아 다행스럽다.

짬짬이 시간의 힘은 독서에도 예외 없이 적용된다. 바쁜 현대인들이 하루 중 일부를 떼어 책을 읽는 시간을 찾기는 힘들다. 책 읽는 시간을 우선순위에 두어야 하지만, 그 또한 쉽지 않다. 이러한 상황에서 짬짬이 읽는 것은 대단한 위력이 있었다. 출근 중 이동시간이 길다고 투덜거리던 에너지를 효과적인 책 읽는 시간으로 바꾸었다. 짬짬이 시간을 유용하게 사용할 수 있었다.

평소에 말을 줄이려고 노력하는 편이다. 말을 줄임으로써 짬짬이 책을 읽기 위해서다. 일하는 중간중간에도 짬짬이 독서를 했다. 다행히 앉아서 하는 일이라 마음만 먹으면 책을 펼칠 수 있었다. 자투리 시간도 헛되이 보내기 싫어서다. 될 수 있으면 휴대폰을 보기보다 책을 폈다. 게임은 하지 않았다.

우리는 흔히 짬짬이 독서로 집중이 되지 않는다고 생각한다. 도서관에 앉아서 오롯이 책을 읽을 수 있다면 그보다 좋은 방법이 또 있을까. 그걸 할 수 없기에 짬짬이 독서로 대체하는 것이다. 짬짬이 독서에 알맞은 책을 선택하면 된다.

집중해서 봐야 하는 책은 도서관을 이용해 읽고, 이동 중에 봐야 할 책은 짬짬이 독서에 맞는 책으로 선택한다. 두껍지 않은 책이며 짧게 읽을 수 있고 어느 페이지를 펼쳐 시작해도 되는 책으로 선택하면 좋다.

송나라의 구양수(歐陽修)는 독서하기에 좋은 곳으로 삼상(三上)이 있다고 했다. 삼상이란 침상(枕上), 마상(馬上), 측상(側上)이다.

침상은 침대 위, 마상은 말 위, 측상은 화장실을 말한다. 마음만 먹으면 잠자리에 들기 전에 책을 읽고, 이동 중인 차 안에서 책을 읽고, 화장실에서도 책을 읽을 수 있다. 즉, 어디서나 책을 읽을 수 있다. 선조들은 삶의 지혜를 나눠준다. 우리는 그것을 따라 하기만 해도 이로움이 있다.

책은 생활의 일부

짬짬이 책 읽기는 삶의 일부요, 독서의 성과이고 일상의 탈출이며 단조로움에서 벗어나게 한다. 짬짬이 독서는 그때그때 효과를 볼 수 있다. 팍팍하게 돌아가는 일상에서 틀에 박힌 생각과 부정적인 생각을 벗어나도록 도와준다. 짬짬이 책 읽기로 책을 만나면 빠른 시간에 생각을 전환시키는 데 도움이 된다. 독서는 생각의 다양성을 제시하기 때문이다. 나는 지금까지도 짬짬이 책 읽기를 하고 있다. 짬짬이 시간이 모여 독서습관이 되고 일상에서 책과 가까이 지낼 수 있다. 짬짬이 책 읽기가 뭐 그리 효과가 있겠는가 생각한다면 짬짬이 책 읽기를 시도해 보시라! 그 위력에 놀라게 된다.

짬짬이 책 읽기를 통해 책 내용을 발췌하며 필사도 했다. 이동 중이어서 필사가 힘들 때는 휴대폰 사진기를 이용해 찍어두었다가 정리하곤 했다. 짬짬이도 반복이고 습관이다. 짬짬이 독서는 자전거를 배우는 것과 같다. 자꾸 하다 보면 잘할 수 있다. 독서습관이 잡히며 자전거에 모터를 단 것처럼 속도가 빨라진다. 독서습관이 모터가 되어 힘들이지 않고 익숙하게 책을 읽게 된다.

책, 다시 시작하는 힘

'나는 안 되는구나' 하고 포기하고 싶을 때가 있다. 그때 바로 그 자리에서
다시 시작하라. 세상에서 가장 큰 선물은 자기 자신에게 기회를 주는 삶이
다. • 크리스 가드너

• • •

누구나 삶의 고비와 역경이 있다. 다시 시작하는 방법은 다르지
만 회복 의지가 있다면 포기하지 않아야 한다. 왜냐하면 자신의 삶
이기 때문이다. 한 번뿐인 자신의 삶이 아닌가. 삶의 수렁에서 다시
시작하겠다는 의지가 삶의 의미를 찾게 한다. 독서는 자신을 돌아
보고 삶을 재정비하는 기회이다. 우리는 자신에게 기회를 주는 삶
을 살아야 한다. 기회를 통해 다시 시작할 수 있어야 한다. 맞다! 나
에게 책은 지친 삶을 일으키는 기회였다.

책을 보며 성인(聖人)의 말에 귀 기울였다. 내가 나를 믿지 못하는 시기이니, 나보다 성인의 말을 믿어보기로 했다. 오랜 기간 성인이 쓴 책이 사라지지 않고 이어온 데에는 이유가 있을 것이다. 천년 이상을 이어온 성인의 말씀을 믿어보면 될 것이 아닌가! 마음을 다잡고 또 다잡으며 넘어지면 일어서기를 반복했다. 성인의 말씀은 틀리지 않았다. 포기하지 않고 다시 시작하는 힘을 주었다. 내가 나를 몰랐던 시기에도 성인은 이미 나를 알고 있었다. 그럴 줄 알고 책으로 남겨서 전해주신 것이다.

시작과 창조의 모든 행위에는 하나의 진리가 있다. 그것은 우리가 스스로 하겠다는 결단을 내린 순간 하늘도 움직인다는 것이다.
— 요한 볼프강 폰 괴테

바닥을 치고 일어나기

우리 삶은 허들 경기처럼 어김없이 장애물이 나타난다. 넘고 나면 또 나타나고 또 나타난다. 고난과 역경은 어쩌면 우리가 태어날 때부터 존재하고 있었는지 모른다. 그것이 우리 삶의 일부라고 생각한다면 어떨까? 기쁜 일이 있은 후에는 슬픈 일이 있고 오르막길이 있으면 내리막길이 있다. 경거망동하지 않고, 지금 이 순간에 최선을 다할 수 있었으면 한다. 삶의 곳곳에서 힘든 일을 겪는 사람이 있는가 하면 반대쪽에선 극복하는 사람이 있다. 더 이상 내려갈 곳이 없다고 생각하는 순간 바닥을 치고 다시 일어서는 사람이 있다. 유연한 생각은 힘든 장애물을 만날 때 오뚝이처럼 다시 일어서는 힘이 된다.

모든 일은 결심에서 시작한다. 결심하고 시작하라. 시작이 반이라는 말이 있다. 자신에게 기회를 주는 삶, 스스로 돕는 삶의 모습은 아름답다. 위인과 성공자의 대부분은 위기를 극복한 사람이다. 우리는 자신의 고난을 이겨내고 다시 시작하는 사람의 이야기를 좋아한다. '나보다 힘든 사람도 다시 시작하는구나! 나도 힘을 내야겠다!' 이런 결심은 다시 시작하는 첫 단계이다. 행복해서 웃는 것이 아니라 웃으니까 행복해진다. 즐겁지 않아도 즐겁다고 생각하면 우리 뇌는 그렇게 받아들인다.

다시 시작하는 힘은 가능성을 불러온다. 다시 시작하는 힘이 삶의 균형을 맞추어준다. 우리는 좋아하는 일을 할 때 행복하다. 자신이 좋아하는 일이 무엇인지 생각해보자.

'나에게 가장 중요하고 가치 있는 일은 무엇인가?' '내가 좋아하는 일이 무엇인가?' 생각의 끝에 책이 있었다. 다시 시작할 수 있는 힘은 독서였다. 독서를 함으로써 하고 싶은 일이 생기고 해야 할 일이 생기기 시작했다. 책 읽기를 통해서 삶의 활력을 찾았던 것이다. 무엇인가 시작하겠다는 결심이 섰다면 벌떡 일어나라. 지금이 아니면 다시 결심하기는 힘들 것이다. 우리는 시작할 용기가 필요할 뿐이다. 다른 사람의 말에 귀 기울이기보다 먼저 자신의 말에 귀 기울여야 한다. 안 되는 이유는 늘 해야 하는 이유를 넘어선다. 전깃줄에 참새 5마리가 앉아 있다. 참새 5마리 중 한 마리가 날아가겠다고 결심했다. 그럼 몇 마리가 남겠는가? 바로 5마리다. 결심만으로는 아무 일도 일어나지 않는다.

책을 만난 것은 행운이다

책이 없었다면 다시 활력을 찾을 수 있었을까? 책을 읽는 사람들의 표정은 편안하고 나이보다 젊어 보인다. 책을 읽으면 뇌에 자극을 주어 생각이 정체되지 않고 깨어있어 활기차 보인다. 자기관리와 감정조절을 할 수 있는 정신 근력도 생긴다. 어른들은 임신한 산모에게 예쁜 것만 보고 좋은 것만 먹으라고 챙겨주신다. 책도 그렇다. 좋은 책을 읽으면 좋은 생각으로 이어진다. 좋은 책을 읽어야 하는 이유는 매일 정신을 돌보는 일을 소홀히 할 수 없기 때문이다. 우리는 위기의 순간에 모든 의욕이 사라진다. 즐거움도 없어진다. 그럴 때 책을 만나는 것은 행운이다.

나는 지속적으로 책을 읽으며 끊임없이 긍정 에너지를 전해 받았다. 책은 다시 시작하는 활력을 주었다. 책을 읽으며 책 내용을 의심하지 않았다. 믿었다. 나를 믿기 힘든 시절 책을 믿고 다시 시작하는 힘을 발견했다.

몸이 아파봐야 건강의 소중함을 알 수 있다고 한다. 위기와 역경을 겪어봐야 삶의 소중함을 안다고 한다. 그렇다고 일부러 위기와 역경 속으로 들어갈 필요는 없다. 현재 위기에 처해 있다면 극복하기 위해 최선의 노력을 다해야 한다. 위기의 상황이 아니더라도 타인의 경험을 통해 건강과 삶의 소중함을 알게 된다. 타인의 어려움을 극복하는 것을 보며 삶의 의미를 되새겨볼 수 있다면 더 좋은 것이다. 책을 통해 그렇게 할 수 있다.

제3장

왜 읽어야 하는가?

책을 읽는 이유는 사람마다 다를 것이다. 내 경우는 현재 상황을 벗어나고 싶은 것이 이유였다. 부정적인 생각으로 가득 차 있는 자신이 싫었지만 벗어날 수 없었다. 머릿속에는 화, 분노, 원망만 가득했고 좋지 않은 기억을 늘 반추하며 살았다. 변화라는 것이 무엇인지 어떻게 오는 것인지 알 수 없었다. 하루의 생활은 고단했고 무의미했고 다람쥐 쳇바퀴 돌 듯 반복되었다. 왜 이렇게 살고 있는지 이유를 알 수 없었다. 매일 잡념으로 스스로를 힘들게 하는 나에게 조금씩 지쳐갔고, 내가 이렇게 사는 이유가 책을 읽지 않아서라는 결론에 이르렀다. 그때부터 책 읽기가 시작되었다.

당신은 결코 독서보다 더 좋은 방법을 찾을 수 없을 것이다.
· 워런 버핏

1

나만 힘든 삶이 아니었구나!

알고 보면 우주의 모든 것은 오로지 서로 간의 관계로 인하여 존재한다. 어떠한 것도 고립 속에 존재할 수 없다. 우리도 '혼자 해낼 수 있다'는 착각에서 벗어나야 한다. • 마거릿 휘틀리

● ● ●

책은 삶의 다양한 모습을 보여준다. 책을 보면 생각의 폭이 넓어지고 생각의 깊이가 깊어진다고 한다. 책은 다양한 삶의 모습을 제시하고 보여준다. 누구나 삶은 크게 다르지 않다. 삶과 죽음은 왕이나 거지나 차이를 두지 않는다. 책을 만나기 전 '나만'이라는 생각이 삶을 갉아 먹고 있었다. 피해의식인지 열등감인지 항상 나만 힘든 삶을 살고 있다고 느꼈다.

알고 보면 힘들지 않은 사람은 없다. 정도의 차이는 있겠지만 자

신의 자리에서 묵묵히 최선을 다해 살아가고 있다. 타인에게는 작은 상처처럼 보이지만 자신에게는 죽을 만큼 힘든 일도 있다. 내가 보기에 도저히 극복하기 힘들 것 같은 역경도 그 사람은 거뜬히 이겨내기도 한다. 우리는 같은 시대를 살아가고 있지만 각자 다른 방식으로 살아간다. 옳고 그름의 문제는 아니다. 우리 삶에 정답이 없듯이 최선을 다해 살아가는 모습이 아름다워 보인다.

힘을 내자!

책은 타인의 삶을 들여다보는 창이다. 나만의 세상을 벗어나니 나도 있고 너도 있고 우리도 있다. 느끼는 정도는 다르겠지만 더 큰 시련과 고통 앞에서 숙연해지는 것은 당연하다. 독서를 시작하고 얼마 지나지 않아 만난 책 몇 권이 떠오른다. 2011년 하순에 읽은 책이다.

《내 나이가 어때서?》, 《닉 부이치치의 허그》, 《지선아 사랑해》, 《신화가 된 여자 오프라 윈프리》, 《스타벅스》, 《시련은 있어도 실패는 없다》를 읽었다.

결혼 후 책이라고는 단 한 권도 읽지 않았으니 책 내용은 대단한 충격이었다. 평소 책을 읽지 않다가 오랜만에 읽었기에 더 강렬했다. 책은 도끼라고 하더니 엄살 부리던 내 삶에 크게 한 방 맞은 기분이었다. 그들의 삶을 바라보며 눈물도 흘리고 힘도 생겼다. '이런 어려움을 겪고 있는 사람들도 꿋꿋하게 최선의 삶을 살아가고 있었구나!' 내가 사는 지금 세상과는 다른 세상이었다. 그 후로 고난과 역경을 극복한 삶의 책을 여러 권 읽었다.

책을 볼 때마다 힘을 내자고 다짐하면서 살았다. 부정적인 생각으로 살았는데 타인의 삶을 들여다보며 생각이 바뀌었다. 나만 바라보다가 그들의 삶을 바라보게 되었다. 나에게서 너로, 너에게서 우리로 생각의 폭을 넓혀 나갔다. 그 후로도 지속적으로 책을 읽었지만 처음의 감동은 아직도 잊히지 않는다.

내가 가진 것에 대해 감사하기 시작했다. 누구나 알고 있는 사소한 발견일 수 있지만 그 당시 나에겐 대단한 발견이 아닐 수 없었다. '가진 것에 감사하자!' 긍정적인 생각의 실마리를 찾는 순간이었다. 그전에는 감사할 줄 몰랐다. '내 생활은 늘 부족하다'라고만 생각했다. 책을 읽는 이유는 지식과 자료를 수집하는 목적일 수도 있지만, 책을 보며 타인의 삶을 배운다는 것은 대단한 일이었다. 삶의 다양한 모습은 나만 힘들다고 생각한 그 당시 내게 꼭 필요한 공부였다.

점점 관심의 폭이 넓어졌다. 위인전, 자서전, 힘든 상황을 이겨낸 사람의 이야기, 책 읽는 이야기, 감정, 심리에 관한 책, 인문서, 자기계발서, 변화와 혁신, 다양한 분야의 책을 읽어갔다. 다양한 책은 다양한 곳으로 관심을 가지게 했고 사물을 바라보는 시선도 바뀌어갔다. 일 년에 한 번씩 만나는 장미꽃을 보며 '한 해 동안 잘 버티어 주었구나!' '늘 같은 자리에 서 있는 나무는 똑같은 모습으로 서 있는 것 같지만 끝없이 자신을 돌보고 있구나!' '궂은 날씨와 계절의 변화에 적응하며 묵묵히 살아가고 있구나!' '풀꽃이나 잡초도 바람을 견디며 스스로 피어 있구나!' 이전에 그냥 지나쳤던 것에도 눈길이 갔다. 하찮은 생물도 자기 자리에서 최선을 다해 피고 자라고 있는데 하물며 우리는 인간이 아닌가!

생각의 폭을 넓혀라

우리가 힘들다고 느끼는 이유 중 하나가 타인과의 비교 때문이다. 타인과의 비교는 자신을 힘들게 한다. 독서의 이유도 자기를 알아가는 과정이다. 나를 알아가고 나를 믿고 최선의 선택을 하기 위한 노력이다. 그 속에 타인과의 비교는 있을 수 없다. 자신의 삶에 집중하며 자신의 장점을 발견하고 키워나가기 위한 노력이다. 나에게 집중하며 타인의 시선에서 자유로울 수 있어야 한다. 자신의 가치에 집중하면 지치지 않는다. 나답게 살 때 행복하기 때문이다. 자신이 가고자 하는 방향으로 자기 속도에 맞게 가면 된다.

'따로 또 같이'라는 말이 있다. 우리는 함께 살아가면서 행복을 찾아낸다. 함께 살아가는 현명한 방법을 찾는다면 지혜로운 삶을 살아갈 수 있다. 인간관계를 통해 받는 스트레스도 분명히 있다. 그로 인한 상처를 그 속에서 풀기도 하고 위로받기도 한다. 이런 과정으로 우리는 다시 시작하는 힘을 얻곤 한다. 서로에게 상처를 주기도 하고 상처를 치유하면서 우리가 서로 연결되어 있음을 느낀다.

나만 힘들다는 생각이 들 때 생각을 확장해볼 필요가 있다. 우주라는 곳에서 내가 살고 있는 곳은 얼마나 작고 미세한가. 먼지에 불과하다. 의미 있는 삶을 살아가기 위해 어떻게 살아야 할까? 시선을 돌려 너를 바라보고 우리를 생각할 때 생각의 폭은 넓어지기 시작한다. 너를 위해 줄 수 있는 것이 무엇인가를 생각할 때 우리의 삶은 의미 있어진다.

2

오직 독서만이 살길이다

머릿속에 5,000권 이상이 들어 있어야 세상을 제대로 뚫어보고 지혜롭게 판단할 수 있다. •다산 정약용

● ● ●

독서를 지금까지 이어올 수 있었던 단 한 마디는 '오직 독서만이 살길이다.'이다. 다산 정약용 선생께서 강진 유배지에서 두 아들에게 편지로 전한 말이다. 이 말은 독서의 푯대가 되었다. 독서하며 지치고 포기하고 싶을 때 다산의 말에 귀 기울이며 포기하지 않았다. 독서를 함에 푯대가 있으니 방향을 잃지 않았다. 자신에 대한 의구심이 생길 때 다산의 말에 귀 기울였다.

다산의 편지는 아버지가 아들에게 전하는 말이니 그 마음이야 진심인 것은 말할 것도 없다. 폐족의 위기에 처한 아들에게 어떻게

살아야 하는지 길을 알려주었다.

나의 경우도 가정의 위기로 책 읽기가 시작되었기에 더욱 마음에 와닿았다.

이 세상에 있는 사물 중에는 그대로 두어서 좋은 것이 있는데 이런 것을 두고 이러저러하다고 떠들썩하게 말할 필요가 없다. 다만 파손되거나 찢어진 것을 가지고 어루만지고 다듬어 완전하게 만들어야만 바야흐로 그 공덕을 찬탄할 수 있듯이, 죽을병에 걸린 사람을 치료해서 살려야 훌륭한 의원이라고 부르고 위태로운 성(城)을 구해내야 이름난 장수라 일컫는다.

누대에 걸친 명문가 고관들의 자제처럼 좋은 옷과 멋진 관을 쓰고 다니며 집안 이름을 떨치는 것은 못난 자제라도 누구나 할 수 있는 일이다. 이제 너희들은 망한 집안의 자손이다. 그러므로 더욱 잘 처신하여 본래보다 훌륭하게 된다면 이것이야말로 기특하고 좋은 일이 아니겠느냐? 폐족으로서 잘 처신하는 방법은 오직 독서하는 것 한 가지밖에 없다.

독서라는 것은 사람에게 가장 중요하고 깨끗한 일일 뿐만 아니라, 호사스러운 집안 자제들에게만 그 맛을 알도록 하는 것도 아니고 또 촌구석 수재들이 그 심오함을 넘겨다볼 수 있는 것이 아니기 때문이다. 반드시 벼슬하는 집안의 자제로서 어려서부터 듣고 본 바도 있는 데다 중간에 재난을 만난 너희 같은 젊은이들만이 진정한 독서를 하기에 좋은 것이다.

그들이 책을 읽을 수 없다는 것이 아니라 뜻도 의미도 모르면서 그냥 책만 읽는다고 해서 독서를 한다고 할 수 없기 때문이다.

―《유배지에서 보낸 편지》

가정을 살리는 독서

단지 이 문장만 보더라도 독서를 해야 하는 이유는 명확했다. 나도 위기에 처한 가정을 살리기 위해 독서해야 했다. '독서 한다고 뭐 달라지겠어?' 의심의 말이 들려올 때마다 다산의 말을 다시 한번 되새겼다. 마음에도 새겼지만, 집안 곳곳 시선이 가는 곳에도 써 붙여 놓고 눈으로 볼 수 있도록 했다. 잠재의식에 자리 잡도록 하고 잊지 않도록 하기 위함이고 나태해지기 쉬운 나를 다스리기 위함이었다. 내가 해야 할 일은 오직 독서뿐이며, 할 수 있는 것도 독서이고 어떤 곳에서든 독서를 멈추지 말아야 했다. 책 읽기에 전념하면서 매달리다시피 했다. 책 읽기를 다른 일보다 우선순위에 두고 수불석권(手不釋卷)했다.

가족 구성원 중에 누구 하나 소중하지 않은 사람이 없다. 그중에서 가정의 건강을 챙기고 아이들의 수호천사가 되어주는 사람은 엄마이다. 엄마들이 건강해야 한다. 육체적인 건강뿐 아니라 정신적으로도 건강해야 가정을 살필 수 있다. 엄마는 가족에게 지대한 영향을 미친다. 엄마인 주부가 건강해야 그 행복이 흘러넘쳐 가족에게 전해진다. 지대한 영향을 미치고 있는 주부들이 독서한다면 행복한 가정을 이끌 수 있다. 가화만사성(家和萬事成)이다. 주부들이 책을 읽으며 행복한 가정을 설계해야 한다.

책에는 보석을 만들어내는 원석(原石)이 있다. 원석을 발견하고 잘 다듬어서 자기만의 보석으로 만들기도 한다. 책을 읽다 보면 원석을 발견하는 눈도 발달한다. 가공 전의 모습을 알아차리고 자기만의 경험과 생각을 더해 새로운 보석으로 탄생시킨다. 책에서 자기에게 필요한 자료, 정보, 전문지식, 마음관리와 인간관계, 교육, 인문학, 자연, 우주 등 원하기만 하면 다양한 것을 캐낼 수 있다.

'삼근'의 가르침

지속적으로 책을 읽겠다고 다짐한 사람도 시간이 지날수록 마음이 흐트러진다. 어떻게 해야 할까? 일찍이 다산 선생은 강진 유배지에서 아이들에게 공부를 가르쳤다. 그중 둔하고 막히고 답답한 제자 산석(황상)에게 내린 처방이 있다. 바로 '삼근(三勤)'이다. 마음속에 '삼근'을 새기고 독서한다면 지치고 힘들어 포기하고 싶을 때 독서를 이어주는 큰 힘이 된다.

다산 선생과 제자 산석의 대화이다.

내가 산석에게 문사 공부할 것을 권했다. 산석은 머뭇머뭇하더니 부끄러운 빛으로 사양하며 이렇게 말했다. "제가 세 가지 병통이 있습니다. 첫째는 둔한 것이요, 둘째는 막힌 것이며, 셋째는 답답한 것입니다." 내가 말했다. "배우는 사람에게 큰 병통이 세 가지가 있는데, 네게는 그것이 없구나. 첫째, 외우는 데 민첩하면 그 폐단이 소홀한 데 있다. 둘째, 글짓기에 날래면 그 폐단이 들뜨는 데 있지. 셋째, 깨달음이 재빠르면 그 폐단은 거친 데 있다. 대저 둔한데도 들이파는 사람은 그 구멍이 넓어진다. 막혔다가 터지면 그 흐름이 성대해지지. 답답한데도 연마하는 사람은 그 빛이 반짝반짝 빛나게 된다. 뚫는 것은 어떻게 해야 할까? 부지런히 해야 한다. 틔우는 것은 어찌하나? 부지런해야 한다. 연마하는 것은 어떻게 할까? 부지런히 해야 한다. 네가 어떻게 부지런히 해야 할까? 마음을 확고하게 다잡아야 한다."

　―《삶을 바꾼 만남》

큰 스승을 만나 삶이 바뀐 이야기(다산과 제자 황상의 이야기)이다. 다산은 가르침을 주고, 황상은 가르침을 받들어 긴 세월 동안 만날 수 없어도 마음의 깊이는 변하지 않았다. 황상은 다산이 세상을 떠난 후에도 아들 학연, 학유와 인연을 지속했다. 황상은 스승을 회상하고 추억하며 삶을 돌아보기도 했다. 황상은 다산을 만나지 않았더라면 어떤 삶을 살았을까? 삶에 있어 좋은 스승을 만난다는 것은 인생이 바뀔 수 있는 기회이다. '오직 독서만이 살길이다.'와 '삼근'은 독서하면서 끝없이 되뇌던 말이었다.

황상은 "다산께서 유배지에서 20년을 계시면서 저술에만 힘쓰다 복사뼈에 세 번이나 구멍이 났다"는 이야기를 전한다. 우리에게 '과골삼천'(踝骨三穿)으로 알려져 있다. 황상은 삼근(부지런하고 부지런하고 부지런하라)을 죽을 때까지 마음에 새겼을 것이다. 나 또한 큰 어른의 가르침을 마음에 새기고 또 새겼다. 마음에도 새겼지만 시선이 가는 곳에 써 붙여놓고 자주 들여다보았다. 다산의 가르침을 잊지 않기 위함이었다.

책 읽기에 흥미가 떨어질 때는 다산의 말을 들춰보며 '그래! 그래!' 하며 다시 마음을 다잡고 왜 책을 읽는지 다시금 생각했다. 독서의 세계로 빠져들면 꼭 만나게 되는 분이 다산이다. 독서를 처음 시작할 때 큰 스승의 말을 먼저 새겨듣는다면 독서하면서 허투루 시간을 보내지 않을 것이다.

내가 몇 년 전부터 독서에 대하여 깨달은 바가 큰데 마구잡이로 그냥 읽어 내리기만 한다면 하루에 백번 천번을 읽어도 읽지 않는 것과 다를 바가 없다. 무릇 독서하는 도중에 의미를 모르는 글자를 만나면 그때마다 널리 고찰하고 세밀하게 연구하여 그 근본 뿌리를 파헤쳐 글 전체를 이해할 수 있어야 한다. 날마다 이런 식으로 책을 읽는다면 수백 가지의 책을 함께 보는 것과 같다. 이렇게 읽어야 책의 의리(義

理)를 훤히 꿰뚫어 알 수 있게 되는 것이니 이 점 깊이 명심해라.

—《유배지에서 보낸 편지》

우리는 어려운 시기일수록 독서해야 한다. 지금 이 순간 다산의 말에 귀 기울여야 한다. 큰 어른의 가르침을 진지하게 생각하고 받아들이면서, 내 삶을 어떻게 사용할 것인지 고민하는 시간을 가져 볼 필요가 있다.

3

생각을 바꾸는 힘

좋은 일을 생각하면 좋은 일이 생긴다. 나쁜 일을 생각하면 나쁜 일이 생긴다. 여러분은 여러분이 하루 종일 생각하고 있는, 바로 그것이다.
• 조셉 머피

• • •

내가 책에 빠져든 것은 바로 생각거리의 매력 때문이었다. 책은 혼자서는 도저히 생각할 수 없는 다양한 생각거리를 던져주었다. 신세계가 아닐 수 없었다. 책은 사막을 헤매다가 만난 오아시스였다. 평소에 사용하지 않는 단어를 통해 새로움을 만나고 긍정적인 에너지도 느끼면서 힘이 생겨났다. 신선한 단어로 만들어진 문장은 마음을 뒤흔들며 설레게 하고 춤추게 하며 감동을 주었다. 일상의 생각에서 벗어나 다양한 간접경험도 하면서 새로운 세상을 만났다.

책의 세계를 따라 하루를 여행하다 보면 지루함과 권태에서 벗어날 수 있었다. 지적 갈증을 풀고 충분히 샤워하고 난 것처럼 개운했다.

변화는 서서히 일어난다

책을 읽지 않았을 때는 어떻게 생각해야 하는지 몰랐다. 책을 읽으면 이동 중이나 순간순간 책 내용에 대해 사색하게 된다. 읽었던 책 내용을 생각하고 있으면 어느새 부정적인 생각을 하는 시간이 줄어들었다. 좋지 않은 생각을 반추하며 자신을 괴롭히는 일이 줄어든 것이다. 우리는 하루에 오만 가지 육만 가지 생각을 한다. 그중 대부분은 부정적인 생각이다. 부정적인 생각이 떠오르면 밀어내는 방법을 몰랐다. 부정적인 생각에 이리저리 끌려다니기만 했다. 생각을 이끄는 힘이 부족했다. 삶이 행복하지 않았다. 생각이 얼마나 중요한지 독서를 시작하면서 알게 되었다. 독서하며 생각을 이끄는 힘이 생겼다.

책은 다양성을 보여주고 옳고 그름에서 다름을 알게 해 준다. '그저 바라보는 방법' '인정하는 방법' '그럴 수 있다고 의연하게 생각하는 방법'이다. 생각을 바꾼다는 것은 혼자서는 힘들다. 생각을 깨우쳐줄 스승이 있어야 한다. 그렇다고 스승이 주변에 있는 것도 아니다. 이런 환경에서 생각의 변화를 끌어내기는 힘들다. 책을 읽는다는 것은 다양한 분야의 전문가와 대화하는 것이다. 그들의 생각은 언제나 나를 능가했다. 처음 독서를 시작할 때 모든 책이 스승이었다. 책을 보며 배움의 시간을 가졌다. 스스로 생각하지 못한 부분에 놀라기도 하고 자극도 받았다. 책의 다양한 이야기는 다르게 생각하는 방법을 보여 주었다.

책을 보기 시작하면서 일상의 생각보다 책에 대해 생각하는 시간이 많아졌다. 소소한 불만은 그저 흘려버리게 되고 대수롭지 않게 생각되는 때도 있었다. 생각이 바뀌어 가면서 말과 행동도 조금씩 변화가 생겼다. 변화는 서서히 일어났으며 생각의 변화도 예외는 아니었다. '긍정적으로 생각해야지'라고 생각하지만 곧바로 되지는 않았다. 책을 볼 때는 좋은 생각을 하다가도 책을 놓으면 좋지 않은 생각이 끼어들어 혼란스러웠다.

그 무렵 산책을 하면서 혼자 생각했던 때가 기억난다. 내 안에 천사와 악마가 있었다. 만화의 한 장면처럼 천사와 악마가 양쪽에서 유혹했다. 날개 달린 천사가 좋은 길로 안내하려고 하면, 옆에 있던 악마의 유혹이 이어졌다. 서로 자기 쪽으로 잡아당기려 했다. 이랬다저랬다 하는 것이 싫을 때가 많았다. 스스로 느낄 정도이니 함께 지내는 가족은 어떠했을까. 변덕이 죽 끓듯 하니, 잘해 주어도 별 반응이 없고 화를 내도 별 반응이 없었다. 어느 날 남편이 한마디 했다. "언제 또 바뀔지 모르니 내가 어떻게 해야 할지 모르겠다." 부끄럽기도 했지만 변화의 과정은 그런 것이었다. 일부러 이랬다저랬다 한 것은 아니었다. 좋은 생각을 표현하려고 노력하다 보니 어색하게 보였을 것이다. 때로는 '에이~ 그렇지 뭐.' 하는 탄식이 나오기도 했다. 실수의 과정을 거치면서 좋은 생각은 점차 익숙해지고 부드러운 말과 행동도 자연스러워졌다. 변화는 서서히 일어났다.

긍정의 책 읽기

좋은 생각은 하면 할수록 몸을 이롭게 하고 안 좋은 생각은 하면 할수록 몸을 망친다. 생각도 습관이다. 좋은 생각을 하려고 책을 본다. 생각을 정리하고 가다듬으며 잡념이라는 잡초를 뽑는다. 몸을 관리하듯 생각도 관리해야 한다. 방심하다가는 꽃밭이 잡초로 가득해진다. 잡념이 뇌를 장악할 수도 있다. 주체적인 생각을 위해 책을 읽어야 한다. 스스로 계획도 세워보고 선택과 결정도 내리며 생각을 이끌어가야 한다. 폴 발레리는 "생각하는 대로 살지 않으면 사는 대로 생각하게 되고 습관처럼 살아가게 된다."고 했다. 책은 다양한 생각거리와 자극을 주며 생각하는 힘을 길러준다. 책을 읽고 사색의 시간을 가지며 자신의 삶에 대입해 보고 재정립해 본다. 그저 책을 따라가기만 한다면 결정을 내려야 할 때 혼란스럽다. 자기 삶인 만큼 스스로 생각하는 힘을 길러야 한다.

책의 선택이 중요한 이유는 책의 내용에 따라 생각이 달라지기 때문이다. 양서가 도움이 되고 중요한 이유이다. 좋은 책은 좋은 생각으로 이어지고 바른 행동으로 나아가며 주위에도 좋은 영향을 미칠 수 있다. 무엇이 들어가느냐에 따라 나오는 것이 달라진다. 인풋과 아웃풋의 법칙이다. 좋은 생각거리를 넣어야 좋은 생각이 나온다. 생각은 자신을 만드는 가장 중요한 부분이다. 생각이 곧 말이 되고 말은 행동이 되고 행동은 습관이 되고 습관은 인생을 바꾼다. 생각이 인생까지 바꾼다.

생각의 패턴을 바꾸어 보자. 책은 평소의 생각과는 다른 생각을 할 수 있게 도와주는 도구이다. 생각의 패턴은 다니던 길을 벗어나 다른 길로 가는 것을 좋아한다. 뇌도 새로움을 좋아하고 신선한 자극을 좋아한다. 늘 새로울 수 있다면 삶이 즐겁고 활력이 넘치며 젊게 살 수 있다. 책을 읽는 사람은 지루함을 모른다. 책을 통해 새로움에 접속하기에 권태롭거나 심심할 겨를이 없다. '오늘은 어떤 책이 나를 즐겁게 해줄까'를 생각하면서 행복해진다.

책에서 본 내용이 일상에 연결되어 문득 새로운 생각이 떠오르기도 한다. 책을 보면 아이디어가 떠오른다는 것도 책에서 본 내용이 서로 통합하고 융합하고 자신의 삶과 만나면서 만들어진다. 책의 내용이 일상과 오버랩 되기도 한다. 누군가 했던 생각을 내가 하고 내가 했던 생각을 누군가 하고 있다. 생각은 생각을 낳는다. 어떻게 생각하느냐에 따라 우리의 행동이 달라진다. 할 수 있다고 생각하는 순간 행동하게 된다. 할 수 없다고 생각하는 순간 시작조차 하지 않는다. 모든 시작은 생각에 달려 있다.

행복한 일을 생각하면 행복해진다. 비참한 일을 생각하면 비참해진다. 무서운 일을 생각하면 무서워진다. 병을 생각하면 병이 든다. 실패에 대해서 생각하면 반드시 실패한다. 자신을 불쌍히 여기고 헤매면 배척당하고 만다.

— 데일 카네기

생각을 바꾸는 힘은 반전에 있다. 반대로 생각하면 새로운 생각이 된다. 새로운 생각은 새로운 행동을 만들어낸다. 독서 전과 후를 보면 반전이 보인다.

독서 전 – 독서 후

나만 힘들다 – 너도 힘들구나

당연하지 – 당연한 건 없다

네가 변해야 해 – 내가 변해야 한다

굳어버린 사고 – 유연한 사고

낡은 생각 – 새로운 생각

부정한다 – 긍정한다

너 때문에 – 나 때문에

절망 – 희망

끝 – 시작

위기 - 기회

벼랑 - 날개

불행하다 - 행복하다

    희망을 생각하면 희망이 바로 앞에 있는 것처럼 힘이 생기고 절망을 생각하면 어둡고 캄캄하기만 하다. 상황이 바뀌거나 환경이 바뀌지 않아도 변할 수 있다. 그저 생각만 바뀌었을 뿐인데 생각에 따라 삶이 변한다.

    생각을 바꾸는 힘은 독서에 있다. 책하고는 거리가 멀던 주부가 3년 동안 1,000권 독서를 하고 책도 썼다. 독서를 하지 않았다면 불가능한 일이었다. 책은 생각을 변화시키고 자기 성장을 돕는다. 어떤 생각을 하느냐에 따라 어떤 삶을 살지 결정된다. '더 이상 이렇게 살 수 없어.'라고 생각하는 순간 방법을 찾게 되고 행동하게 된다. 자신을 긍정하고 삶을 사랑할 때 우주의 기운도 우리를 돕는다.

4

나를 만나는 시간

오랫동안 나에게는 삶, 진정한 삶이 곧 시작될 것처럼 보였습니다. 하지만 그 앞에는 언제나 장애물이 있었습니다. 먼저 처리해야 할 일이 있었고, 미처 끝내지 못한 일이나 참고 견뎌야 할 인고의 시간, 혹은 갚아야 할 빚이 있었습니다. 그 후에는 진정한 삶이 시작되리라 믿었습니다. 결국 나는 깨달았습니다. 그 장애물들이 곧 내 삶이라는 것을… • **알프레드 디 수자**

● ● ●

연인 사이에 묻곤 한다. '하루 동안 내 생각 얼마큼 해?' 연인들은 관심과 사랑을 크기로 측정하고 싶어 한다. 작은 원을 그리며 '이 원을 뺀 만큼 너를 생각해.' 이와 반대로 우리는 바쁜 일상을 살아가면서 하루 동안 나를 생각하는 시간은 얼마나 되는가? 하루 종일 우리의 생각은 타인을 향해 있다. 정작 오롯이 자신을 만나는 시간이 1시간이라도 될까? 나만의 시간을 가지며 위로하고 다독이며 마음 상한 곳은 없는지 스스로 돌아보는 시간이 필요하다. 책 읽는 시간은 나를 만나는 시간이다. 마음의 괴로움은 책을 읽음으로 치유된다. 나를 가장 잘 아는 사람은 누구일까? 바로 나 자신이다. 나를 가장 잘 치료해 주는 사람은 누구일까? 바로 나 자신이다. 나는 나를 치료해주는 의사이다.

혼자 책 읽는 시간은 천국이다

책을 보며 어려움을 극복하는 탈출구를 찾았다. 친구가 되어준 책 덕분에 심심하고 무료함도 잊을 수 있었다. 나를 만나는 시간은 차곡차곡 내면을 채우는 시간이 되었다. 책은 내가 원하기만 하면 늘 나의 곁에 있어 주고 행복을 주었다. 매일 책을 읽으며 나를 만나는 시간을 가졌다. 누구의 방해도 받지 않고 혼자 책 읽는 시간은 그야말로 천국이었다. 어깨의 짐을 내려두고 걱정도 잠시 던져버리고 오로지 책에 집중했다. 책을 보며 느끼는 것이 있으면 고개가 끄덕여졌다. 책을 보며 느낀 감정을 표현하는 것은 나를 알아가는 또 다른 방법이었다. 조용한 시간에 책과 노트를 펴고 마음에 와닿는 문구가 있으면 필사했다. 그 밑에 한 줄이라도 느낌을 적었다. 책을 읽으며 정리하는 습관은 자신을 알아가는 좋은 습관이다. 느낀 점을 쓰는 시간도 나를 만나는 시간이다.

책 읽는 행위는 그 어떤 쾌락보다 지속적이다. 책은 다양한 내용으로 즐거움을 준다. 책은 누구와도 비교하지 않는다. 재촉하거나 평가도 하지 않는다. 책 읽는 시간은 오롯이 나를 만나는 시간이며 나를 알아가는 기회이다. 매일 책을 읽는 사람에게 왜 읽는지 더 이상의 설명이 필요치 않다. 밥 먹고 숨 쉬듯 생활의 일부이기 때문이다.

긴장을 풀고 유연해져라

나를 만나는 시간은 자신을 다스리는 시간이기도 하다. 감정의 변화를 알아차리고 '왜 화가 날까?' '왜 지금 속상할까?' '다른 사람에게는 아무렇지 않은 말인데 나에게 상처가 되는 이유가 뭘까?' 자신의 감정을 있는 그대로 느낄 수 있게 된다. 내가 나를 지켜보고 있는 것이요, 그대로의 모습을 한 걸음 물러나 바라볼 수 있는 것이다. 감정을 조절하는 것도 연습이 필요하다. 스트레스를 받지 않고 살 수는 없다. 화를 조절하고 싶지만 마음대로 되지 않는다. 화가 나면 잠시 멈춤의 시간을 가져본다. 멈춤의 시간으로 분위기를 전환하면 스스로 건강도 지켜낼 수 있다.

나를 만나는 시간은 독서를 통하기도 하고 명상, 산책, 운동을 통하기도 한다. 가만히 앉아서 독서만 하면 몸이 경직되고 답답할 때가 있다. 가까운 곳으로 산책하면서 긴장된 뇌를 풀어주고 쉬게 해주면 다시 독서할 힘이 생긴다. 산책은 굳어버리기 쉬운 몸과 마음을 유연하게 해준다. 산책하다 보면 새로운 생각이나 아이디어가 떠오를 때가 있으니 메모지와 펜을 가져가면 좋다. 기록해 두지 않으면 흘러간 생각을 다시 만나기는 힘들기 때문이다. 때로는 음악을 통해 나를 만나는 시간을 보내는 것도 좋다. 기분에 따라 음악을 달리 선택하여 들으면 뇌를 유연하게 하며 감성을 되살릴 수 있다.

스스로를 응원하라

나를 만나는 시간이 필요한 것은 인간관계를 통해 겪는 스트레스나 힘겨움을 스스로 치유할 수 있는 시간이 되기 때문이다. 혼자만의 시간을 가지며 나를 만난다. '따로 또 같이'라는 말이 있듯이, 우리는 서로를 벗어나 살아갈 수 없기에 감정이 부딪히면서 발생하는 일로 마음이 지친다. 지친 마음이 쉴 수 있는 시간을 가져야 한다. 하루 중 1시간이라도 나만의 시간이 필요하다. 힘든 마음을 가장 잘 아는 사람은 자기 자신이다. 스스로 자존감을 높여주고, 이해하고, 용서하는 시간과 감사하는 시간을 가져야 한다.

일기 쓰기를 권하는 이유도 나만의 시간이 필요하기 때문이다. 스스로 질문하고 생각하고 정리하면서 답을 찾아간다. 일기는 누구에게 보여주기 위해 쓰는 것이 아니기 때문에 자기에게 더 솔직해질 수 있다. 우리는 스스로를 속이지 않고 솔직할 수 있을 때 치유의 힘이 생긴다. 나를 만나는 시간이 없었다면 매일 되풀이되는 일상에서 다시 일어나는 힘을 얻지 못할 것이다. '그래 괜찮아.' '잘하고 있어.' '그럴 수 있어.' 스스로 응원해주어야 한다. '잘될 거야.' '걱정하지 마.' '앞으로 좋은 일이 있을 거야.' 스스로 믿음의 말도 해주어야 한다.

청찬과 응원이 필요한 자신을 충분히 응원해주며 자존감을 높여주자. 타인이 해주는 청찬만 효과가 있는 것이 아니다. 자신에게 해주는 청찬은 2배의 효과가 있다. 스스로 말하고 들음으로써 가능성을 생각하고 힘을 낸다. 우리의 뇌는 현실과 상관없이 생각하는 대로 믿어버린다. 나를 만나는 시간을 통해 자신감과 자존감을 높여주자!

스스로 질문하라

독서는 이기적인 행위이다. 철저한 자신만의 시간이며 자신을 만나는 시간이다. 나는… 나는… 나는… 끝도 없이 나라는 존재를 생각하고 질문하게 한다. '나라면 어떻게 했을까?' '나는 왜 이렇게 사는 걸까?' '어떻게 하면 달라질 수 있을까?' '이렇게 해봐야겠다.' 질문하고 의심하면서 궁금증을 풀어가는 시간이다. 지속적으로 책을 보면서 의문을 가지기도 하고 질문이 생기기도 한다. 그때부터 자신의 궁금증을 풀기 위해 또 다른 책을 들춰보면서 궁금증을 하나씩 풀어가곤 한다.

책을 읽어야겠다고 결심한 것도 의문에서 시작되었다. '내 생활을 변화시킬 수는 없을까?' '나의 생각을 바꿔볼 수는 없을까?' '내가 어떻게 해야 할까?' '이대로 살아야 하나?' 이런 질문이 시작되었을 때 방법을 찾게 되었고 책 읽기를 행동으로 옮기게 되었다. 책 읽기는 나만의 시간을 만들어 주었고, 그 시간을 통해 끊임없이 내면을 성장시키는 기회가 되었다. 책 읽기는 나를 위한 시간이었다.

하루가 바쁘게 돌아가지만 바쁜 중에 한가함이 있고 한가함 중에 바쁨이 있다고 했다. 시간 활용이 중요하다. 지치고 힘들어도 육체와 정신을 함께 보살펴야 건강한 삶을 이어갈 수 있다. 육체와 정신은 따로 떼어서 생각할 수 없기 때문이다. 서로 연결되어 있으며 어느 것 하나 소홀히 대해선 안 된다. 어쩌면 정신의 건강에 더 힘써야 할지도 모른다. 정신은 육체를 지배한다고 할 만큼 중요하다. 몸과 마음이 함께 나아갈 때 건강한 삶을 만들 수 있다. 나를 만나는 시간은 지친 영혼을 기다려 주는 시간이다. 나를 만나는 시간을 통해 나를 알아 간다.

5

내가 읽는 이유

우리 모두 목숨을 버릴 각오로 독서하고 공부하자. 조상을 위해, 부모를 위해, 후손을 위해 여기서 일하다가 같이 죽자. • **세종대왕**

● ● ●

나는 왜 책을 읽었을까? 스스로에게 물음을 던져본다. 이러한 질문 앞에서 늘 떠오르는 한 가지 이미지가 있다. 책 읽기를 시작하기 전의 일이다. 직장에서 일을 마치고 퇴근할 때였다. 삶의 고단함을 혼자서 어깨에 메고 있는 듯 무거운 몸을 이끌고 버스에 올랐다. 여전히 버스에는 사람들이 많았다. 자리가 없어 멍한 눈을 하고 컴컴한 버스 창밖을 내다보았다. 삶의 의미도 희망도 없이 한숨만 흘러나왔다. 한참을 지나 간신히 지친 몸을 기댈 자리 하나가 생겼다. 나사 풀린 나무인형 피노키오처럼 풀썩 주저앉아 자리에 몸을 기댔다.

그때부터 또다시 시작된 잡념이 머릿속에서 떠나지 않았다. 해결도 되지 않는 잡념들이 나를 괴롭혔다. 어제와 다른 고민거리도 아닌데 부정적인 생각을 되풀이하는 자신을 보게 되었다. 너무 싫었다. 하루 종일 생각해도 끝도 나지 않는 부정적인 생각, 어제도 하고 한 달 전에도 똑같은 고민을 하며 나를 괴롭히던 생각이 아니던가. 그 생각을 계속하고 있다는 것이 속상하고 화가 났다. 열심히 산다고 해도 변하지 않는 삶, 무엇이 문제인지 알 수 없었다. 그럴 때 운명처럼 책을 만났고 책을 읽게 되었다. 책은 부정적인 생각을 밀어내 주었다. 내가 읽는 이유는 부정적인 생각을 밀어내는 것, 그것 하나만으로도 충분했다. 그것 하나만으로도 행복했다.

나를 바꾸는 독서

책 읽기는 나를 바꿔보겠다는 생각에서부터 시작되었다. 이제는 좋지 않은 기억을 다시 떠올리고 싶지 않다. 늘 즐거운 생각만 할 수는 없지만 기억하고 싶지 않은 과거를 떠올리며 자신을 힘들게 하고 싶지도 않다. 얼마나 어리석은 짓인지 알기 때문이다. 책을 읽는 이유는 그저 행복하기 때문이다. 누구를 위해서도 아니고 누군가에게 보여주기 위함은 더더욱 아니다. 오롯이 책 읽는 시간이 행복하기 때문이다. 행복은 자기가 좋아하는 일을 하는 것이고 즐겁게 하는 것이다.

> 어떤 일을 함에 있어 아는 자는 좋아하는 자만 못하고, 좋아하는
> 자는 즐기는 자만 못하다.
> ― 공자

'오늘의 나는 어제의 내가 아니다.' 독서하는 사람들이 하는 말이
다. 독서하며 어제보다 나은 오늘을 살아가기 위해 노력한다. 독서
하는 사람은 하루하루 성장한다. 읽는 만큼 이익이 생긴다. 읽는 만
큼 사고력이 향상되며 읽는 만큼 생각하고 반성한다. 어제 몰랐던
사실을 오늘 알게 되며 자신을 한 걸음 성장시킨다. 독서가 중요한
이유이다. 책 읽는 과정을 통해 자신의 사고가 확장되고 변화한다.
우리가 돈 많은 부자보다 책 많이 보는 사람을 두려워하는 이유이
다. 책은 무한한 가능성이기 때문이다. 아이들과 청소년들에게 독
서를 장려하는 이유이기도 하다. 미래의 모습은 알 수 없다고 하지
만 독서를 통해 진화의 가능성은 활짝 열려있다.

급할수록 돌아가라

독서로 빠른 시간 내에 변하겠다는 성급한 마음은 금물이다. 우
리가 운전을 하거나 자전거를 배웠다고 금방 카레이서가 되거나 레

이싱에 참가할 수 있는 것이 아니다. 반복과 노력, 일정 시간을 필요로 한다. 독서로 변화를 이끌어내기 위해 집중 독서 3년의 세월이 필요했다. 단기간에 많은 양의 책을 읽음으로써 자신의 두뇌를 바꾸어놓는 과정이다. 그 과정이 어제의 나와 차이 나게 하는 것이요, 독서하며 보낸 3년이 달라진 자신을 만날 수 있게 만든 것이다.

독서는 항아리에 물을 채우는 것과 같다. 처음 한두 바가지 붓는다고 가득 차지 않는다. 꾸준히 한 바가지씩 채워가야 가득 채울 수 있다. 항아리를 가득 채우면 물이 흘러넘치게 된다. 독서도 이와 마찬가지이다. 항아리는 100%를 채워야 흘러넘치고 물은 100℃가 되어야 끓는다. 99%만 채운다면 물은 흘러넘치지 않으며 99℃의 물은 끓지 않는다. 겨우 1%라고 생각할 수 있지만, 1%로 우리는 변화한다. 생각의 차이도 1%이다. 곧바로 성과가 나지 않는다고 포기한다면 아무것도 이룰 수 없다. 꾸준히 성장하고 있다는 믿음이 지금껏 채워온 물과 만나 흘러넘치게 되면 주위에 좋은 영향을 미칠 수 있다.

스스로를 도와라

조용히 앉아 책을 읽으면 평온함과 고요함의 좋은 기운이 느껴진다. 사소한 것에 얽매이지 않도록 넓은 시야를 가질 수 있게 된다. 책 읽는 가장 큰 이유는 스스로를 수양하기 위해서이다. 명상에세이는 나를 돌아보고 성찰의 시간을 가지게 한다. 루터는 "읽는다는 것은 기도이고 명상이고 시련이다."라고 했다. 모든 것이 마음에서 비롯된다. 지금 처한 상황이 바뀌지 않겠지만 생각의 전환으로 세상이 달라 보인다. 자신을 다스리는 것이 매 순간 어렵지만, 책을 읽으면 마음관리에 도움을 받는다. 책을 읽는 동안 마음이 가벼워진다. 책을 읽는 과정은 자신을 들여다보며 비워내는 시간이기 때문이다.

책 읽기는 자신을 되돌아보며 무지함을 느끼게도 한다. 모르는 것을 하나씩 알아가는 것이 독서의 재미다. 현재 고민하는 부분의 책을 찾아서 배우는 과정이다. '좋은 일이나 슬픈 일이나 감정에 너무 깊이 빠지지 말고, 모든 것은 곧 지나간다는 것을 의식하면서 평상심을 잃지 않아야 한다'고 가르쳐 준다. 글이란 것이 오묘하게 편안함을 주기도 하고 때로는 정신의 역동성을 주기도 하다.

우리가 독서를 하는 진짜 이유는 책 자체가 아니라 자기 자신을 위해서이다. 책을 읽는 것만큼 이기적인 행위는 없을 것이다.
― 샤를 단치

나는 경쟁적으로 책을 읽는다. 책을 읽지 않는 사람은 글을 모르는 사람보다 나을 게 하나도 없다.
― 마크 트웨인

책 읽기는 일상이다

우리는 매일 씻고 밥 먹고 양치하고 옷을 입듯 되풀이되는 일상을 살아간다. 여기에 책 읽기도 포함되어야 한다. 책 읽기는 일상이어야 하고 밥 먹듯 숨 쉬듯 독서하며 자신을 만들어 가야 한다.

책을 읽으며 만나는 위인과 각 분야의 전문가, 성인, 종교인, 책의 저자는 나의 스승이다. 마음을 치유해주고 성장을 도와준다. '책 읽기를 시작하지 않았다면 지금 어떻게 지내고 있을까?' 이런 생각에 이르니 아찔하다. 독서는 나에게 지대한 영향을 미쳤다. 책을 읽으며 지낸 6년은 책을 읽지 않고 보낸 6년과는 엄청난 차이가 있다. 수기치인(修己治人). 자신의 몸과 마음을 닦은 후에 남을 다스리는 것이다. 자신의 몸과 마음을 닦는 것은 자신이 선 자리에서 꽃을 피우는 것과 같다.

매일 잡초를 뽑고 물을 주며 정성과 노력을 기울여야 한다. 꽃을 피울 수 있을지 의구심이 올라올 때마다 더욱 자신을 돌보는 일에 집중하며 포기하지 않아야 한다. 1~2년의 세월이 지나도 꽃이 피지 않는다 해도 꽃밭을 가꾸는 것을 소홀히 하지 않아야 한다. 시간이 지나면서 꽃봉오리가 맺히고 차츰 꽃을 피우기 시작한다. 시간의 차이는 있지만 언젠가 자신만의 꽃을 피우기 마련이다.

자기 자신을 가꾸는 것은 평생 계속해야 할 일이다. 독서도 마찬가지다. 독서는 매일 마음의 잡초를 뽑고 자기의 정원을 가꾸는 일과 같다. 책을 읽는 행위는 마음의 잡초를 뽑는 일이다. 부정적인 먼지가 쌓이면 닦아내고 생각의 잡초가 자라면 뽑아낸다. 이 일을 하루라도 거르면 꽃밭을 망가트린다.

"一日不讀書 口中生荊棘(일일부독서 구중생형극)" 하루라도 독서하지 않으면 입속에 가시가 난다는 말이다. 일찍이 안중근 의사는 매일 자신을 다스리지 않으면 입 안에서 말이 가시처럼 나와 타인에게 상처를 준다고 했다. 독서하는 사람들은 언제 어디서나 수불석권한다. 손에서 책을 놓지 않고 열심히 공부한다.

6

책 읽기의 고충

당신은 결코 독서보다 더 좋은 방법을 찾을 수 없을 것이다. •워런 버핏

● ● ●

책을 읽고 싶은데 어떻게 읽어야 할까? 책 읽기의 고충은 누구에게나 있다. '책 읽을 시간이 없다.' '책만 보면 잠이 온다.' '어떤 책을 봐야 할지 모르겠다.' '어떻게 읽어야 할지 모르겠다.' 독서를 처음 시작할 때 드는 의문들이다.

책 읽을 시간이 없다

책 읽기를 위해 시간을 내야 한다. 책 읽기는 시급하지는 않지만 중요한 일에 속한다. 지금 당장 하지 않아도 되는 것 같지만 아

주 중요한 일이다. 삶의 내면을 풍요롭게 하며 성숙된 어른으로 살아가기 위한 일이다. 책을 읽으려면 먼저 하지 말아야 할 일을 하지 않음으로써 책 읽을 시간을 낼 수 있다. 자투리 시간은 우리가 느끼지 못하지만 하루 일과의 곳곳에서 만날 수 있다. 앞서 말한 것처럼 짬짬이 독서는 바쁜 현대인들에게 유용하게 사용되는 알짜배기 시간이다. 처음 독서를 시작할 때는 이동할 때보다 한곳에 조용히 앉아 시작하는 것이 좋다. 처음에는 집중하기가 힘들 수도 있으니 어수선하거나 이동 중이라면 책 내용을 이해하기 힘들 수 있다. 독서를 시작할 때는 집중이 잘되는 새벽 시간이나 잠자기 전이 좋으며, 책 읽기에 적합한 장소인 도서관을 이용하는 것이 좋다.

책만 보면 잠이 온다

책을 볼 때 잠이 오는 것은 책이 흥미롭지 않아 당신을 사로잡지 못하기 때문이다. 수준이 맞지 않을 수도 있고 관심이 없는 분야의 책일 수도 있다. 당장 그 책을 젖혀두고 당신의 뇌를 깨우고 흥미롭게 하는 책으로 바꿔야 한다. 시험을 치기 위한 책이거나 자격증을 따기 위해 읽는 것이 아니라면 재미있어 시간 가는 줄 모르는 책을 선택해야 한다. 책만 보면 잠이 올 때는 책을 읽는 속도를 높여본다. 다른 생각들이 끼어들지 못하도록 좀 더 집중해서 빨리 읽는 것이다. 빨리 읽으려 하지만 집중이 잘 되지 않는다면 손가락이나 연필로 짚어가면서 읽는다. 흩어진 생각을 한곳에 모을 수 있다.

어떤 책을 읽어야 할지 모르겠다

어떤 책을 읽어야 할지 고민이라면 추천도서나 주위에 먼저 독서한 사람들의 독서목록을 참고하면 좋다. 중요한 것은 독서를 시작할 때는 나에게 흥미로운 책을 선택해야 한다는 것만 잊지 말자.

저자 따라 읽기—좋아하는 작가가 있다면 좋아하는 작가의 책을 모두 읽어 본다. 좋아하는 작가의 생각을 들여다볼 수 있는 좋은 기회가 된다.

쌓아두고 읽기—관심 있는 분야의 책을 10권 뽑아서 쌓아두고 읽는다. 같은 분야의 책을 읽다 보면 내용이 비슷하거나 겹치는 부분이 생겨난다. 중복되는 내용은 쉽게 넘어가고 아는 부분은 옛 친구를 만난 듯 반갑다. 독서에 관한 책을 10권 뽑아 연결해서 읽는다면 한 권 두 권 읽어갈수록 배경 지식이 쌓으므로 머릿속에 밑그림이 그려지고 이해도 빨라지며 재미있고 집중력도 높아진다.

어떻게 읽어야 할지 모르겠다

책을 읽을 때 험하게 다루는 것도 괜찮다. 책을 읽다가 와 닿는 부분에 밑줄을 긋는다든가 강조하고 싶은 부분에 형광펜으로 표시해둔다면 다시 보고 싶을 때 찾기가 쉬워진다. 밑줄이나 형광펜으로 표시해둔 내용을 베껴 쓰기를 하는 것도 좋다. 베껴 쓰기는 책의 내용을 이해하는 데 도움이 되고, 손을 사용하기 때문에 뇌를 자극하므로 효과적인 독서로 이어진다. 책을 읽다가 문득 자신의 생각이 떠오른다면 생각이 달아나기 전에 책 옆에 메모해 둔다. 손은 밖으로 나온 뇌라고 한다. 손을 이용해 책 내용을 베껴 쓴다면 눈으로 보는 것보다 훨씬 오래 기억할 수 있다. 책 속 글귀를 베껴 쓰고 느낌이나 생각을 한 줄이라도 적어두면 나중에 다시 들여다볼 때 생각의 흐름을 알 수 있다. 책 읽는 중간중간 중요한 부분은 포스트잇을 붙이거나 접어서 표시해둔다. 다음에 책을 들춰볼 때 찾고자 하는 부분을 쉽게 찾을 수 있다.

카메라를 이용하라

구입한 책이 아니라 도서관에서 대출받은 책이라면 책을 읽다가 와 닿는 부분이 있거나 남기고 싶은 부분이 있으면 휴대폰 사진기로 찍어두었다가 노트에 옮겨 적으면 된다. 이때 책 제목별로 폴더를 만들어 저장하면 찾기 편하다. 페이지가 보이도록 찍어야 한다. 여러 장의 사진을 찍으면 순서가 헷갈리는 경우가 있기 때문이다.

한 줄이라도 남겨라

독서를 할 때 독서 노트를 작성하는 것이 도움이 된다. 책을 읽고 자신의 생각을 정리해서 노트나 블로그에 남겨둔다. 글쓰기 연습도 되고 읽은 내용을 이웃과 공유할 수 있어서 좋다. 독서 노트를 작성하는 데 특별한 양식이 필요하지 않다. 자유로운 것이 좋다. 부담스럽다고 생각하는 순간 우리의 뇌는 굳어 버려서 아무것도 할 수 없게 된다. 자기가 쓴 글이 가장 멋진 글이라는 자부심을 가질 필요가 있다. 책 속 글귀를 옮겨 적는 것도 좋고 자신의 느낌 한 줄이라도 남기는 것이 좋으며 생각을 남기는 것도 좋다. 틀에 얽매이다 보면 할 수 있는 일도 하기 싫을 수 있다. 만만하게 생각할 때 시작하는 힘이 생긴다. 내가 원하는 대로, 하고 싶은 대로 하는 것이 가장 좋은 방법이다.

책 읽기를 지속하라

독서습관이 아직 잡히지 않은 경우라면 독서 목표를 정하고 집중 독서를 해보길 권한다. 목표한 분량을 읽어내는 것이 중요하다. 목표를 향해 꾸준히 읽어가야 한다. 읽는 양이 뭐 그리 중요하냐고 생각할 수도 있지만 짧은 시간에 집중해서 읽음으로써 정신을 몰입할 수 있다. 생각의 전환은 질보다 양으로 먼저 채워야 한다. 잡념을 밀어내기 위해 책 읽기를 끊지 말아야 한다. 독서가 습관이 될 때까지 집중하고 지속적으로 읽어내는 연습이 필요하다.

무대뽀 정신이 필요하다

책 읽기의 제1원칙은 바로 무대뽀 정신이다. 읽고 또 읽는다. 읽다 지쳐 잠든다. 눈을 뜨자마자 또 읽는다. 읽다 보면 습관이 된다. 읽다 보면 자기만의 방법이 생긴다. 읽다 보면 더 잘 읽게 된다. 책 읽기 정신은 매일 하는 힘, 지속하는 끈기, 힘들어도 다시 시작하는 힘이 필요하다. 공자님 말씀처럼 하다 보면 좋아지고, 좋아지면 자꾸 하게 되고, 자꾸 하다 보면 잘하게 되고, 잘하게 되면 즐기게 된다. 하고! 하고! 또 하는 힘! 그것은 당신을 성장시키는 힘이 된다. 한곳을 들이파다 보면 처음엔 흙탕물이 보인다. 더 깊이 팔수록 맑은 물이 솟아난다. 꾸준히 샘을 파다 보면 어디에도 쓸 수 없던 흙탕물은 사라지고 어디에나 쓸 수 있는 맑은 물을 만나게 된다.

한 달을 계획히라

독서습관 잡기 한 달 프로젝트를 시작하라! 내가 좋아하는 관심 분야의 책으로 한 달 동안 꾸준히 읽는다고 계획하라. 불가능하다고 생각하기에 앞서 자신의 능력보다 좀 더 높게 계획을 잡아두는 것이 좋다. 목표를 정하면 최선을 다하는 자신을 만날 수 있다. 목표달성 후 성취감을 맛볼 수 있고 자신감도 생긴다. 나의 경우 1년에 1권도 읽지 않다가 하루 1권을 목표하고 달성했다. 마음만 먹으면 집중하고 몰입하게 된다. 한 달만 해내면 다음 한 달도 할 수 있게 되고 그다음 한 달도 해내게 된다. 한 달은 1년으로 이어진다. 멀리 생각하지 말고 한 달 분량을 1주일 분량으로 나누고 다시 하루 분량으로 쪼갠 후 오전·오후·밤으로 더 쪼개어 읽기를 계획하라. 독서습관만 잡히면 책은 친구가 되어 당신을 버려두지 않을 것이다.

지금이 적기다

지금 시작하라! 지금이 적기다! 도전하는 삶은 당신에게 기회를 준다. 할 수 있는 한 가지 이유는 할 수 없는 100가지 이유를 이긴다. 움직이는 힘은 생각의 힘을 넘어서기 때문이다. 책 읽기의 고충을 생각하기에 앞서 먼저 행동한다면 당신은 가장 좋은 친구를 얻게 된다. 책 읽기는 자유로운 행위이고 누구에게나 주어지는 권리다. 누구나 누릴 수 있다.

읽고 나누어라

　좋은 것은 나만 알고 타인에게는 알려주고 싶지 않던 어린 시절이 있었다. 어쩌면 지금도 그런 마음이 남아 있을지도 모른다. 독서를 통해 행복해졌고 행복을 전해주고 싶어졌다. 혼자 행복하기보다 함께 행복한 것이 세상을 더 아름답게 한다는 것을 알기 때문이다. 책 속 글귀를 전하며 나누는 것에는 한계가 있다. 나에게 와 닿은 문구가 당신에게는 아닐 수도 있기 때문이다. 당신이 원하는 책을 찾아 읽으면 당신에게 꼭 필요한 좋은 글귀를 만날 수 있다. 물고기를 잡아주는 것보다 물고기를 어디서 잡았는지 어떻게 잡았는지 알려주고 싶다. 나로 인해 다른 한 명이 행복해진다면 그 한 명으로 인해 더 많은 사람이 행복해질 수 있다. 그 작은 힘이 함께 행복해지는 힘이다.

7

책 읽기, 자신을 다스리는 힘

다스리는 것도 마음이고, 편안하게 하는 것도 마음이다. 마음은 심장 속에 깃들어 있으니, 심장 가운데 또 생각하는 마음이 있는 것이다. 심장 속의 생각하는 마음의 뜻(意)이 언어를 앞선다. 뜻이 있은 뒤에야 형체가 있으며, 형체가 있은 뒤에야 언어가 있다. 언어가 있은 뒤에야 부림이 있고, 부림이 있은 뒤에야 다스림이 있다. 다스려지지 않으면 반드시 어지러워지는데, 어지러워지면 패망한다. • 관중

● ● ●

자신을 다스리는 힘은 마음의 평온함을 유지하는 것이다. 기쁠 때도 반만 기뻐하고 슬플 때도 반만 슬퍼한다면 너무 깊이 빠지는 힘겨움을 피할 수 있다. 우리는 성인군자나 종교인이 아니기에 감정을 조절하는 것이 쉽지 않다. 일상에서 일어나는 여러 가지 일들이 평온한 감정을 자극하기에 감정조절이 더 힘들어진다. 노자께서

"자신을 이기는 것이 진정한 강함"이라고 했다. 모든 것은 자신에게서 비롯되기에 자신을 이기는 것이 곧 진정한 강함이라는 말에 고개가 끄덕여진다.

자신을 다스릴 줄 아는 사람은 타인에게 끌려다니지 않는 주체적인 삶을 살아간다. 자신을 다스리는 것은 생각에서 시작된다. 말은 마음의 표현이다. 간혹 마음과 다른 말을 하는 사람도 있지만 대부분 말은 마음의 표현으로 나타난다. 좋은 생각이 좋은 말로 이어지고, 좋은 말이 좋은 행동으로 나타나며, 좋은 사람으로 인식된다. 철학자 에픽테토스는 "살아가는 데 가장 중요한 것은 인내심이다. 이것을 알면 인생의 지혜 가운데 절반은 가진 셈이다."라고 했다. 화났을 때가 인내심을 발휘할 수 있는 절호의 기회이다. 화가 날 때 하고 싶은 말을 다 쏟아내기보다 입을 다물고 잠깐 인내해야 한다. 시간이 지나고 화를 가라앉힌 후 대화를 하는 것이 현명하다. 쉽지 않지만, 화날 때 잠시 참으면 평온한 마음을 만날 수 있다.

길게 호흡하라

마음이 기쁠 때는 별문제 되는 것이 없다. 스트레스를 받거나 화가 나면 평정심을 잃게 된다. 말을 다스려야 하는데 마음 같지 않다. 감정표현도 모자라는 때보다 넘칠 때 문제가 발생한다. 화가 날 때 화를 양껏 내기보다 조금 적은 듯이 해야 한다. 화를 참는 것이 되지 않을 때 그 자리를 뜨는 것도 방법이다. 화를 다스리는 방법으로 복식호흡으로 뇌에 산소를 공급하면서 마음을 진정시킨다. 편안한 자세로 온몸의 긴장을 풀고 힘을 빼면 몸을 비우듯 마음이 가벼워짐을 느낀다. 몸도 마음도 편안한 상태로 놓아둔다. 호흡법과 명상은 자신을 다스리는 방법이다. 책을 통해서도 마음관리의 방법을 배울 수 있다.

부드러움은 강함을 이긴다

매일 긴장의 연속으로 몸이 굳어간다. 사고도 유연한 것이 좋고 몸도 유연한 것이 좋다. 법정 스님의 말처럼 "유연한 것은 살아 있는 것이요, 딱딱한 것은 죽은 것"이기 때문이다.

어느 산사의 노스님이 임종을 앞두고 제자에게 물었다.

"내 입안에 무엇이 보이느냐, 입안에 남아 있는 것은 딱딱한 이빨이냐 부드러운 혀이더냐?"

제자가 답한다.

"혀만 남아 있습니다."

"마지막에 남는 것은 딱딱한 이빨이 아니라 부드러운 혀이다."

진짜 강한 것은 부드러운 것임을 제자에게 가르쳤다.

극기(克己)란 자기의 감정이나 욕심, 충동 따위를 이성적 의지로 눌러 이기는 것이다. 화를 표현하는 것은 쉽지만 의지로 눌러서 자신을 이기는 것은 힘든 일이다. 힘든 일은 당시는 고달프지만 지나고 나면 성취감이나 보상이 주어진다. 감정의 분노를 억제하거나 참지 않고 소리를 지르거나 화를 표출한다면 당장은 시원한 것 같지만, 지나고 나면 그 일이 자신을 더 괴롭히곤 한다.

자신을 다스려야 할 때 먼저 말을 조심하라. 말은 마음의 표현이다. 자신을 다스리는 힘은 입 안 혀를 다스리는 것과 같다. 따뜻한 말은 얼음같이 차가운 마음을 녹여준다. 가시가 돋친 말은 상대방에게 꽂혀서 상처를 준다. 말은 자신을 다스리는 가장 중요한 수단이기에 늘 조심하지 않으면 안 된다.

자신을 다스리는 것은 마음을 다스리는 것에서부터 시작된다. 선한 마음은 말이 선해지고 선한 행동으로 이어진다. 말하는 것만 보아도 그 사람의 됨됨이를 파악하고 낯빛을 보면 마음이 들여다보인다고 한다. 마음속에 근심이 적어야 마음이 편안하다. 근심 걱정 없이 살 수는 없지만, 실체 없는 걱정은 우리의 정신을 갉아먹는다. 걱정으로 해결되는 일은 극히 드물다. 피할 수 없으면 즐기고 즐길 수 없다면 해치워버리는 편이 낫다. 그러지 못한다면 걱정은 내려두는 편이 더 낫다.

자신을 들여다보라

책 읽기를 통해 자신을 다스리는 법을 생각한다. 걱정을 내려놓는 법, 긴장을 이완시키는 법, 화를 다스리는 법, 말을 조금 적은 듯이 하는 법, 책이 안내하는 방법으로 시도하면서 나를 다스리기 위해 노력한다. 처음에는 잘 되지 않는다. 화가 나면 가시 돋친 말이 먼저 튀어나오고 행동으로 화를 표현하곤 한다. 매번 성공적이지 않지만, 실수의 과정은 숫돌이 된다.

책 읽기를 통해 알게 된 것들이 다행스러울 때가 많다. 어떤 때는 화를 내는 자신을 자각한다. 아무 일이 아닌 것 같은데 나에게만 유독 화가 나는 일이 있다. 그럴 때는 왜 화가 나 있는지 생각해보게 된다. 화를 내는 자신을 타인의 입장에서 바라본다면 얼굴이 화끈거릴 때도 있다. 자신을 다스리는 것은 마음가짐, 말하는 법, 행동하는 것이다. 책을 통해 배우고 연습할 수 있다. 말을 할 때와 행동할 때 문득 책의 이미지가 떠오르기도 한다. 정확한 문구가 떠오르는 것이 아니라 무의식이 작용하는 것이다.

우리는 책을 읽으며 읽은 내용을 잊어버릴까 걱정한다. '돌아서면 잊어버리는데 무슨 효용이 있을까?' 의구심이 늘 자리 잡고 있다. 나의 생각이라고 적고 보면 책 속의 내용과 비슷한 경우가 있어 놀라기도 한다. 책 읽은 것이 무의식에 잠재하고 있다는 것을 그때 느낀다. 책이 무의식에 존재하면서 서서히 변화시키고 있다는 것을 알게 된다. 우리가 양서를 읽어야 하는 이유도 무의식의 작용이 있기 때문이다. 책은 우리의 무의식 속에 서서히 흡수된다. 좋은 책을 읽음으로 자신을 다스리는 힘이 생기고 주체적인 삶을 사는 데 도움을 받는다.

마음을 정명하라

분노를 조절해야 몸과 마음을 건강하게 할 수 있다. 건강을 지키기 위해 '그 누구도 내 허락 없이 나를 화나게 할 수 없다.'고 생각하라. 화는 질투가 심해서 먼저 화를 내면 상대방도 덩달아 화를 낸다. 두 배로 되돌려받을 수 있으니 질투의 화신인 화를 자극하지 말아야 한다. 내가 화를 내면 주위에는 화내는 사람들이 많아지고, 내가 불평하면 불평하는 사람들이 많아진다. 자신을 다스리는 것도 마음이고 화내는 것도 마음이니 마음관리가 곧 자신을 다스리는 힘이 된다. 책 읽기는 자신을 알아가는 시간이다. 자신을 알면 다스리는 힘이 생긴다.

책 읽기는 스스로를 돌아보게 하고 반성하게 한다. 어제보다 나은 오늘을 살기 위한 노력이다. 책 읽는 하루하루가 쌓여 마음의 평온을 찾는 시간이 길어진다. 자신을 다스리는 힘을 기르게 되면서 표정은 편안해지고 행동에는 여유가 생긴다. 자신을 다스리는 가장 좋은 방법은 비워내는 힘과 겸손의 힘이 아닐까 생각한다. 비워

넘으로 홀가분해지고 겸손으로 적을 만들지 않는다. 우리는 스스로 돌보는 일을 소홀히 하지 말아야 한다. 자신을 위해서도 가족을 위해서도 스스로를 돌보고 다스려야 한다.

8

눈으로 읽고 몸으로 생각하라

나는 재산도 명예도 권력도 다 가졌으나, 생애 중 가장 행복했던 순간은 독
서를 통하여 얻었다. 독서처럼 값싸고 영속적인 쾌락은 없다.

• 몽테스키외

● ● ●

　가만히 앉아 책을 읽노라면 몸도 굳어지고 딱딱해진다. 두 다리를
책상 밑으로 쭉 뻗어본다. 좌식의자에 앉아 책을 보니 무릎과 복숭
아뼈가 우두둑 소리를 낸다. 잠시 일어나 몸을 움직인다. 의자에 앉
아 집중해서 책을 보면 잠깐 사이에 한두 시간이 훌쩍 지난다. 눈도
피로하다. 고개를 들어 눈 운동을 한다. 눈동자를 좌로 우로, 위로
아래로, 한 바퀴 휙 돌려본다. 목도 우두둑 소리를 내니 왼쪽으로 쭉
오른쪽으로 쭉 늘려준다. 독서는 움직임이 없다. 가만히 앉아서 책

에 집중하다 보면 목도 아프고 어깨도 뭉치고 허리도 뻣뻣하다.

번뜩임은 움직임에서 나온다

책을 읽다가 생각이 막히면 몸을 움직여야 한다. 생각이 멈추어
섰을 때 몸을 움직이면 새로운 발상이 떠오르곤 한다. 우리의 몸과
마음은 연결되어 있다. 일상생활을 하며 몸을 움직일 때 번득이는
생각을 만난다. 흐르는 물에 설거지할 때, 샤워할 때, 차를 타고 이
동 중에 생각이 떠오른다. 생각을 메모해두기 위해 메모지와 펜을
가까이 두면 흘러가는 생각을 붙들 수 있다. 생각을 글로 남겨 두면
나중에 글쓰기의 소재가 된다. 집안 곳곳에 메모지를 둔다. 주방,
욕실, 거실, 침실 등 움직이는 곳곳에 메모지를 둔다면 생각이 떠오
를 때 바로 기록할 수 있다.

1시간 동안 책을 읽었다면 잠시 휴식하면서 몸을 이완시켜주자.
책 읽기도 공부법과 다르지 않다. 잠깐씩 쉬어야 한다. 눈을 돌려
움직이고 몸을 일으켜 스트레칭을 한다. 생각은 움직임 없이 가만
히 서서 할 수 있지만, 몸을 움직이다 보면 생각도 함께 움직인다.
움직임은 몸과 마음의 근육을 만든다. 생각할수록 생각 근육이 생
기고 몸을 움직일수록 몸의 근육이 생긴다. 우리는 멈춰 서는 것을
경계해야 한다. 추운 겨울 수도꼭지에 물을 흘려보내지 않으면 얼
어서 수도가 막히고, 물이 웅덩이를 만나서 흐르지 못하면 썩는다.

생각도 흐르지 않으면 굳어진다. 움직여야 한다. 움직임은 살아 있음이다.

책 읽기는 역동적이다

책을 읽으면 뇌는 탄력적으로 움직인다. 뇌가 생동감을 느낀다. 몸을 움직이면 우울하던 감정에도 변화가 생긴다. 몸을 움직임으로써 우울하던 기분이 좋아지는 경험이 있다. 음악을 크게 틀어놓고 춤을 추거나, 땀 흘려 운동하거나, 산책을 하고 나면, 어느새 우울하던 기분도 사라진다.

책 읽기는 결코 멈추어 있는 행위가 아니다. 잠자는 뇌를 깨워 역동적으로 움직이게 하고 뇌를 운동시키는 것이다.

책을 읽고 있는 모습은 지루하고 정체된 것처럼 보인다. 내면에서는 어떠한가? 뇌는 치열하게 움직이고 정리하며 바쁘게 활동한다. 책을 읽다가 막히면 몸을 움직여 보자. 움직이다 보면 생각나는 것이 있다. 그때 메모하거나 다시 읽으면 된다. 가만히 앉아서 책만 본다면 몸을 해칠 수도 있다. 그렇다고 과격하게 움직이거나 오랫동안 운동한다면 몸이 피곤하여 책 읽기의 흐름에 방해될 수 있다. 가벼운 스트레칭이나 산책 정도가 좋다. 뇌는 피곤함을 모르지만, 눈은 오래 혹사하면 피곤하다. 그럴 때 잠시 눈을 감는 것만으로도 수면효과를 얻을 수 있다.

몸과 마음의 움직임은 뇌를 춤추게 한다. 책 읽는 행위는 온몸이 협동하는 작업이다. 눈으로 읽고 몸을 움직이며 생각한다면 건강한 책 읽기를 할 수 있다. 도서관에 앉아 책을 볼 때면 고개를 들어 푸른 나무와 우거진 숲을 본다. 창밖으로 나무가 보이는 도서관은 바로 천국이다. 마음은 이미 바람에 흔들리는 나무와 함께 춤을 춘다. 집중이 되지 않을 때 힘겹게 책상에 앉아 뇌를 괴롭힐 필요가 없다. 집중되지 않으면 잠시 몸을 움직여보자. 몸을 움직이고 나서 책을 봐도 재미가 없다면 다른 책으로 바꾸면 된다. 세상에는 당신을 기다리는 책이 너무나 많다. 지금 인연이 되지 않는 책은 다음에 다시 만날 수 있다. 시기가 맞지 않아서이니 과감히 미뤄두자. 마음 가는 대로 읽기를 하면서 책 읽는 시간과 기간을 정해놓고 집중 독서를 한다. 마감 임박이 매력적인 것처럼 말이다. 정해진 시간은 당신을 자극하기 때문에 해내지 못할 것 같은 분량을 해내곤 한다. 자기에게 맞는 책을 선택해서 독서하는 것이 재미있게 빨리 읽을 수 있는 방법이다.

읽고 생각하고 움직여라

생각의 근력과 어휘력은 독서를 통해 길러진다. 독서도 움직임이며 심층 연습이 필요하다. 책의 내용을 발췌하고 요약하는 습관을 들이는 것도 도움이 된다. 한 줄이라도 쓰고 남긴다. 이 과정을 통해 책 읽기는 단련된다. 책 읽기를 멈추지 않고 지속적으로 한다면 자신의 성장을 이룰 수 있다. 일단 읽는다. 나만의 방식대로 읽는다. 읽고 또 읽는다. 하루도 빠지지 않고 밥 먹듯 꾸준히 읽는다. 내면이 성장하고 생각 근육이 단련될 것이다. 독서는 읽고 생각하고, 생각을 쓰는 것으로 연결된다. 생각하는 것과 몸을 움직이는 것은 서로 연결되어 있는 것이요, 책 읽기와 함께 이루어지는 중요한 법칙이다.

눈으로 읽고 몸을 움직이는 것은 수레를 받치는 두 바퀴와 같다. 읽으며 생각하고 몸을 움직이다 보면 느끼고 깨닫는 순간이 온다. 책을 읽고 느끼는 것은 책 읽기를 끌고 가는 수레바퀴와 같다. 수레바퀴가 돌멩이를 만나 덜컹거리기도 하고 웅덩이를 만나 멈추기도 하고 정비하는 시간이 필요할 수도 있다. 땅이 마르고 평평한 곳은 바퀴가 쉽게 굴러가지만 진흙탕을 만나면 힘겹게 나아간다. 울퉁불퉁한 길 위에 둥글둥글한 바퀴가 굴러가자니 어려움이 없지 않다. 이럴 때도 있고 저럴 때도 있다는 생각을 가지고 조급하게 생각하지 말자.

책 읽기 권리를 행사하라

읽는다는 것은 우리에게 주어진 권리이다. 우리는 행복할 권리가 있는 것이요, 책 읽을 권리가 있다. 누군가는 책 읽는 권리를 행사하며 자신을 성장시키고 발전시킨다. 누군가는 주어진 권리를 사용하지 않는다. 세상에는 두 부류의 사람이 있다. 책을 읽는 사람과 책을 읽지 않는 사람이다. 책을 읽으면 주의력, 창의력, 상상력, 집중력이 생기고 정신이 맑아지며 어휘력이 늘어난다. 말을 잘 알아듣게 되어 공감력이 높다. 글을 잘 쓰게 되고 지혜로워진다. 이뿐이 아니다. 분노와 아픔이 사라지고 별세계를 알게 되며 부자가 되고 사고의 폭이 넓어지고 의식이 달라진다.

　책 읽기의 가장 큰 이득은 주체적인 삶을 살아간다는 것이다. 타인의 삶에 의해 움직이는 것이 아니라 자신의 삶을 개척한다. 눈으로 읽고 몸으로 생각하라. 독서를 해야 하는 이유와 독서의 이로움은 이미 선인들이 알려주었다. 우리도 이미 독서해야 하는 이유는 알고 있다. 행복할 권리가 있지만 불행하다고 느끼는 사람이 많은 것처럼 말이다. 책을 읽으면 좋은 건 알지만 읽지 않는 사람도 많다. 열쇠는 당신의 손에 쥐어져 있다. 열고 나가는 것은 당신의 선택이다.

제4장

멈추는 힘

책을 만나기 전에는 멈춤을 몰랐다. 앞만 보고 달렸다. 지치고 힘들었다. 멈추는 방법을 몰랐기에 여유로움도 찾을 수 없었다. 몸도 마음도 지쳐가는 순간, 구세주처럼 책을 만났다. 멈추는 힘은 책이었다. 앞만 보고 달리던 나에게 책은 멈춤의 시간을 주었다. 멈춤은 지친 몸과 마음을 추스르고 다시 일어서는 힘을 주었다. 바로 앞만 바라보던 시선을 멀리 볼 수 있도록 해주었다. 보이는 것만 보려던 나에게, 보이지 않는 것이 중요하다는 것도 알게 해 주었다. 멈춤은 자신을 볼 수 있는 기회이고 자신을 볼 수 있어야 다시 시작할 수 있다. 멈출 수 있는 힘은 독서에 있었다.

인간은 항상 시간이 모자란다고 불평을 하면서
마치 시간이 무한정 있는 것처럼 행동한다.
• 세네카

1

바쁜 일상을 멈추고

당신에게 가장 중요한 때와 당신에게 가장 중요한 일과 당신에게 가장 중요한 사람은 누구인지 아는가? 당신에게 가장 중요한 때는 지금 현재이며, 당신에게 가장 중요한 일은 지금 하고 있는 일이며, 당신에게 가장 중요한 사람은 지금 만나고 있는 사람이다. **•톨스토이**

• • •

오늘도 바쁘게 움직였다. 왜 바쁘게 사는지 이유도 알지 못한 채 다람쥐 쳇바퀴 돌 듯 살아간다. 바쁘게 움직이지만 채워지지 않는 공허함이 밀려왔다. 나에게 주어진 역할은 나이가 들수록 늘어갔다. 나만 생각하던 어린 시절이 지나고, 성장하여 결혼하면서 아내가 되었다. 살림을 살면서 주부가 되었고, 아이를 낳으면서 엄마가 되었다. 사회생활을 시작하면서 직장인이 되었다. 바쁘다는 말을 입에 달고 살았다. 나로 살 때가 언제인가? 가끔 이름이 어색하게 들릴 때도 있었다. 바쁜 일상으로 앞만 보고 달리기만 했다. 멈출 줄을 몰랐다. 멈추면 주저앉을 것 같았다.

바쁜 하루는 누구를 위한 삶인가? 왜 늘 바쁘기만 할까? 멈추고 서야 알게 되었다. 멈춤은 포기가 아니라는 것을! 멈춤으로 평소에 발견하지 못하는 것을 발견했다. 바쁘다는 핑계로 외면했던 것을 볼 수 있게 되었다. 바쁜 일상과 밥벌이에만 정신이 팔려 자신을 잃어가고 있었다. 욕심은 걸으면 달리고 싶고, 달리면 타고 싶고, 타면 날고 싶어졌다. 멈춤이 있어야 자신을 돌아보는 여유를 만날 수 있는데도 그저 바쁘기만 했다. 독서는 바쁜 일상을 멈추고 나를 찾아주는 멈춤의 시간이다. 바쁜 일상생활에서 멈춤이 필요했다.

멈춤은 호흡이다

말을 할 때도 잠시 멈추어 호흡해야 한다. 바쁘게 계속 말만 한다면 말하는 사람도 지치고 듣는 사람도 지친다. 멈춘 후 다시 말을 하면 더 강조하게 되고 귀 기울이게 된다. 우리 삶에도 호흡이 필요하다. 숨을 깊이 들이쉬고 잠시 멈춘 후 다시 내쉬듯 삶에도 멈춤의 시간이 있어야 한다. 멈춤은 자신에게 집중하는 시간이고 스스로를 돌보는 시간이다. 몸과 마음을 한곳에 모으고 자신에게 집중할 때 채워지고 충만해진다.

멈춤은 명상이다

시끄럽고 복잡한 도시의 바쁜 일상으로 숨 돌릴 시간이 없다. 하루 일과를 마친 후 명상의 시간을 갖는다. 멈춤의 시간이다. 조용히 앉아 침묵하고 명상하며 복잡한 하루를 정리한다. 몸의 긴장을 풀어주며 어지러운 마음도 정리한다. 명상은 마음을 챙기는 일이다. 생각이 흘러가는 대로 내버려 두는 시간이기도 하다.

멈춤은 신중함이다

말하기 전 '3초 멈춤'은 생각하는 시간이며, 행동하기 전 '3초 멈춤'은 실수를 예방하는 시간이다. 말과 행동에 앞서 멈춤의 시간은 신중함이다. 흔히 생각 없이 말하고 생각 없이 행동함으로써 실수를 한다. 멈춤의 시간은 잠깐 숨을 고르는 시간이며 우리를 신중한 사람으로 만들어준다.

멈춤은 비타민이다

하루의 지친 몸의 피로를 보충하기 위해 비타민을 먹는다. 멈춤은 삶의 비타민이다. 이와 마찬가지로 지친 영혼을 위해 독서한다면 멈춤의 시간을 가질 수 있다. 멈춤은 몸도 마음도 충전해준다. 비타민으로 충전이 되면 다시 시작하는 힘이 생긴다.

멈춤은 자신과의 대화이다

우리의 일상은 타인과 연결되어 있기에 인간관계를 벗어날 수 없다. 타인을 의식하는 시선은 긴장의 연속이다. 자신을 만나는 시간이 필요하다. 일과를 마친 후 멈춤을 통해 자신과 대화하는 시간을 가져야 한다. 하루 동안 타인을 향하던 시선을 돌려 자신과 대화해야 한다. '오늘도 수고했어!' '잘하고 있어.' 응원의 말을 해주고 '넌 역시 최고야.'라는 칭찬도 잊지 말아야 한다. 멈춤의 시간은 혼자 있는 시간이며 온전한 자기만의 시간이다.

멈춤은 사랑이다

일상은 바쁘다는 이유로 가족과 함께 밥 먹는 시간도 빼앗기고 있다. 왜 바쁜지 가끔 잊어버린다. 바쁘게 살아가는 이유를 묻고 답을 찾는다면 멈출 수 있다. 바로 지금 행복한 이유를 찾아야 한다. 지금이 아니면 언제 행복할 수 있겠는가. 멈추지 않고 나아가기만 한다면 옆에 있는 행복이 달아날지도 모른다. 멈추지 않고 나중에 행복하리라고 생각하거나 행복은 멀리 있다고 생각한다면 지금 멈출 수 없다. 내일도 중요하지만 더 소중한 것은 오늘이다. 지금 이 순간이 바로 행복할 때이다. 멈추고 주위를 살펴본다면 이미 존재하고 있는 행복을 만날 수 있다.

앞만 보고 바삐 움직일 때는 행복이 내 손에 닿을 수 없을 정도로 멀리 있다고 생각한다. 행복은 거창하며 멋지고 화려한 것이라

여긴다. 바쁘게 사는 것이 잘 사는 것이라 생각하며 살아간다. 인생은 왜 이렇게 꼬이기만 하는지 알 수 없다. 희뿌연 안개 속을 걷는 것처럼 불안하다. 잠깐 멈추고 기다리면 안개가 걷힌 후 시야가 밝아진다. 그때 더 빨리 나아갈 수 있음을 알지 못한다.

멈춤은 수렁에서 빠져나오는 시간이다

멈춤은 감정의 수렁에서 벗어나는 시간이다. 멈춤의 시간은 자신을 힘들게 하는 감정을 들여다보는 시간이다. 힘든 자신을 다독이고 잠재워 주는 시간이다. 멈춤으로 우울한 감정을 치유하고 평온한 마음을 되찾아서 행복을 맛보게 해야 한다.

멈춤은 적색 신호등이다

신호등은 약속이다. 신호등에 빨간불이 들어오면 멈추어야 한다. 멈추어야 할 때 나아간다면 위험한 일이 벌어진다. 인생의 적신호가 오면 멈추어야 한다. 빨간불이 들어올 때는 파란불이 켜질 때까지 잠깐 멈춤이 필요하다. 우리의 인생도 파란불이 들어올 때까지 멈춤의 시간을 가져보자. 인생 신호등을 관심 있게 바라보며 멈추어야 할 때와 나아가야 할 때를 알아야 한다.

멈춤은 얼음이다

차가운 시간을 보내야 하기 때문이다. 어릴 때 '얼음땡놀이'를 한 기억이 있다. '얼음' 하면 멈춘다. '땡' 하면 움직인다. 얼음은 움직임이 없다. 가만히 자신을 들여다보며 땡을 기다린다. '땡!' 하고 풀릴 때 활발하게 움직인다. 얼음의 시간이 지나면 '땡!' 하고 밝은 기운이 얼음을 깨워줄 것이다.

멈춤은 발견의 시간이다

산을 오를 때 멈춤은 주위에 핀 풀꽃을 볼 수 있는 기회이다. 이마에 땀을 닦을 수 있는 시간이다. 멈추지 않으면 결코 만날 수 없다. 멈춤의 시간으로 산을 늦게 오르는 것 같지만 삶은 더 여유로워진다. 빨리 가는 것에 익숙한 우리에게 의미를 발견하게 하는 시간이다. 자동차도 오래 달리면 멈추어 선다. 정비할 시간이 필요하다. 우리의 삶이 힘들고 지치고 고달프다면 잠시 멈추고 휴식하며 정비해야 한다. 휴식은 TV를 보거나, 마냥 누워있거나, 잠을 자거나, 취미 생활을 하거나, 멍때리거나, 영화를 보거나, 운동을 하거나, 여행을 하며 자기를 찾는 시간을 가진다. 평소에 하지 않던 일을 하며 뇌를 다르게 사용한다. 나에게 휴식은 독서였다. 영혼을 쉬게 하고 나를 만나며 기회를 주는 시간이다.

멈춤은 돈으로 환산할 수 없는 소중한 것을 발견하고 삶의 진면목을 대할 수 있게 한다. 역설적이지만 멈춤으로 더 빨리 나아갈 수 있다. 멈추어야 자신을 돌볼 수 있고 자신을 돌볼 수 있어야 다시 시작할 수 있다. 멈춤의 시간은 다시 시작하는 힘을 준다. 바쁜 일상, 멈춤의 시간을 가진다면 바쁘다고 지나칠 수 있는 인생의 소중함을 만날 수 있다.

아침부터 저녁까지 바쁜 일상 중 잠깐 멈추어 책을 편다. 새로운 세상이 펼쳐지고 영혼은 자유롭게 날아다닌다. 바쁜 일상에 새로운 세상을 펼쳐 보여준다. 멈춤 없는 일상이 피곤함의 연속이었다면 독서는 휴식처이다. 매일 새로울 수 있다면 삶은 지루하지 않을 것이다. 오늘도 바쁜 일상을 멈추고 책을 편다.

2

삶을 바라보는 시각

삶에 대한 우리의 태도가 삶이 우리를 대하는 태도를 결정한다.

• 얼 나이팅게일

● ● ●

내 삶에서 여유를 가져본 적이 언제였을까? 여유는 물질적·시간적으로 넉넉하여 남음이 있는 상태를 말한다. 나의 삶은 여유를 찾을 수 없었다. 늘 부족했고 부족한 것이 늘 만족스럽지 못했다. 물질적 여유가 없는 것이 마음의 여유 없음으로 이어졌다. 주머니는 비어 있고 신경은 날카로웠다. 건드리면 바로 터질 것 같은 지뢰처럼 불안하고 긴장된 일상이었다.

삶을 바라보는 시각을 바꾸어준 것은 책이었다. 책은 삶을 제대로 바라보는 4가지 힌트를 주었다.

삶을 바라보는 시각 첫째, 여유

책 읽기를 시작하고 갑자기 부자가 된 것도 아닌데 마음이 넉넉해지기 시작했다. 독서하기 전과는 다르게 생각하고 다르게 행동했다. 마음의 여유가 생기면서 부자가 되었다. 바늘 하나 들어갈 틈 없이 팍팍한 마음에 우주를 생각할 만큼 생각의 폭이 넓어졌다. 독서는 마음의 여유를 찾아주었다. 부모님 말씀에 "어느 가정이나 걱정 없는 집 없다. 그중에서 돈 걱정이 제일 낫다."라고 하였다. 생각해보니 건강을 잃은 것에 비하면 경제적 빈곤은 참으로 다행스럽다는 생각도 들었다. 힘들 때마다 이 말을 떠올리곤 했다.

'모든 일의 시작은 마음에서 비롯된다'는 말이 있다. 마음관리가 쉽지는 않지만 나쁜 감정을 빨리 밀어내는 연습을 한다. 물질적·시간적으로 넉넉하지 못하지만, 독서로 이미 마음이 넉넉한 부자가 되었다. 가진 것은 많지 않지만 가진 것 중에 나눌 것이 있다는 생각이 나를 부자로 만들었다.

삶을 바라보는 시각 둘째, 비움

비움으로써 홀가분해졌다. 마음의 찌꺼기, 각종 쓰레기, 쓰지 않는 물건, 오래된 옷, 비울 수 있는 것을 비워낼 때 가벼워진다. 평소에 비울 것이 없다고 생각했는데 비워야 할 것은 매일 늘어났다. 마음의 찌꺼기는 하루를 살고 나면 한가득이다. 자주 비워내면 찌꺼기가 줄어드니 바로바로 비워내는 연습을 해야 한다. 비울수록 마음 평수는 넓어지고 쾌적해졌다.

집안 곳곳의 쓰레기도 비웠다. 쓰레기를 비우는 것만으로도 마음이 한결 홀가분했다. 시간이 날 때마다 욕실 청소를 하면 묵혀둔 때를 벗겨낸 것처럼 기분이 좋아졌다. 쓰지 않는 물건과 입지 않는 옷도 1년에 한 번씩 정리했다. 언젠가는 입을 것 같아 버리지 못하고 넣어둔 옷만도 수북했다. 해가 바뀌면 새로운 옷을 입게 되니 묵혀둔 옷은 찬밥 신세다. 과감하게 입지 않을 옷을 정리하여 버리고 나니 마음도 가벼워졌다. 비움으로 가벼워지는 삶을 살아갈 수 있다.

삶을 바라보는 시각 셋째, 내려놓음

양손에 가득 쥐고 내려놓지 못하면 손에 든 물건 때문에 자신이 힘들다. 힘들 때는 내려놓아야 한다. 물건과 마찬가지로 화, 분노, 짜증도 놓아버려야 한다. 부정적 감정을 붙들고 있으면 그 감정이 자신을 공격한다. 화를 놓아버리거나 무관심하게 대하면 화는 곧 제자리를 찾아간다. 화가 수그러들면 평온한 마음을 되찾는다. 내려놓음은 가벼워지는 것이다. 마음의 무게를 덜어내면 생활하기가 수월하다. 마음의 짐, 고민, 걱정은 의지대로 되지 않는 것이 대부분이다. 걱정하지 않는 것으로 행복 가까이에 갈 수 있다. 즐거워서 웃는 것이 아니라 웃기 때문에 즐겁다. 큰소리로 웃어보는 것도 화를 쫓는 방법이다. 근심과 걱정은 두려움을 가져오고 고통을 준다. 걱정도 습관이다. 걱정을 벗어던지고 스마일 하면 뇌는 즐겁다. 독서는 걱정을 잊게 하고 몰입을 경험하게 한다. 걱정하는 데 시간을 쓰는 것보다 독서에 몰입하는 것이 유익하다.

삶을 바라보는 시각 넷째, 인생은 연극

컵에 물이 반이 채워져 있을 때 '반밖에 없네.'라고 생각하는 사람과 '반이나 남았어.'라고 생각하는 사람이 있다. 사물을 바라보는 시각이 다름을 알 수 있다. 우리의 삶도 어떻게 보느냐에 따라 달라진다. 상황이 변한 것은 없지만 삶을 바라보는 시각을 바꿈으로써 세상은 달라 보인다. '내 인생은 어둠에 휩싸여 춥고 주눅 들고 우울하고 고달프다.'고 생각하는 것과 '내 인생의 주인은 나다.' '멋지게 살아보자.'라고 생각하는 것은 차이가 있다. 인생을 바꿀 수도 있다.

우리의 의식은 중요하다. 인생을 연극이라 생각한다면 우리 모두는 인생의 주인공이다. 자기에게 연극의 모든 권한이 주어진다. 인생을 연기하듯 살아간다면, 이왕이면 내가 원하는 최고의 역할로 연기하며 신명 나게 사는 게 맞다. 때로는 스스로 삶의 연기를 지켜보듯이 흐뭇해하며 즐기기 위한 것이라 여기자. 내가 좋아하고 사랑하는 사람은 내 연기를 지켜봐 주는 관객이며, 나도 그들의 연기를 지켜봐 주는 관객이 된다. 서로를 지켜보며 즐거워하고 힘내라는 응원도 한다.

삶을 긍정하자. 자신이 원하는 일을 현재 이루었고 원하는 것을 가진 듯 생각하면 뇌는 그렇게 믿어 버린다. 원하는 대로 행동함으로써 원하는 곳에 더 가까이 갈 수 있다. 자만하거나 거만한 것과 다르게 자신감이란 옷을 걸치고 당당하게 연기하자. 연기가 어눌하고 바보스러워 보일 때도 있다. 어눌하면 어떠한가. 촌스러우면 어떠한가. 즐기는 연기, 즐기는 인생은 본인뿐 아니라 보는 이들도 유쾌하게 한다.

삶을 바라보는 시각 다섯째, 감탄

가끔 흥분하고 감탄하자. 살아있음에 감사하자. 경박하게 날뛰는 것이 아닌 내면의 감흥과 감탄을 느끼는 삶을 살아가자. 누군가 알아주는 인생도 좋겠지만 스스로 충만한 인생, 내적인 만족과 풍요로움은 그보다 깊은 삶을 선물할 것이다. 매일 좋을 수는 없다. 매일 성공하는 하루일 수도 없다. 실수하고 시련이 와도 우리가 세상에 태어났을 때 상태보다 더 잃을 것은 없다.

삶을 바라보는 시각 여섯째, 타인의 시선에서 자유롭기

타인의 시선에 얽매이지 말아야 한다. 타인의 시선에서 자유로울 때 자기의 시각으로 바라볼 수 있다. 누군가 자신의 얼굴에 그을음이 묻었다고 말한다면 거울로 확인할 것이다. 이때 거울이 100미터 정도 떨어진 곳에 있고, 당신은 사람이 많이 오가는 100미터 거리를 거쳐야 한다면 어떻겠는가? 타인의 시선을 느낄 것이다. 행동이 부자연스럽고 웃음거리가 된 것 같은 느낌이 들 수도 있다. 거울이 있는 곳에 도착하여 얼굴을 확인하는 순간, 얼굴에 그을음이 없다는 것을 알게 된다. 자신의 행동을 되돌아보며 어떤 생각을 할까? 왜 바보처럼 타인을 의식하며 전전긍긍했을까? 타인의 시선은 그저 시선일 뿐이다. 그럴 필요가 없었다는 생각에 후회를 할 것이다. 자유로운 삶을 원한다면 타인의 시선에서 자유로울 필요가 있다. 자신에게 집중하는 것이 나답게 사는 것이며, 후회를 줄이는 삶이다.

삶을 바라보는 시각 일곱째, 믿음

자신의 삶을 긍정하고 스스로를 믿고 나아간다면, 믿는 만큼 이로움이 있다. 자신을 믿는 만큼 노력을 하기 때문이다. 우리가 삶을 대하는 방식대로, 삶은 우리에게 응답한다. 노력한 만큼 성장할 수 있으며 실수를 하더라도 밑거름이 되어준다. 노력은 헛되지 않으며 지금 당장 결과가 나타나지 않더라도 차곡차곡 쌓여서 당신의 성장을 도울 것이다. 삶을 바라보는 시각을 바꿈으로써 자신의 삶은 풍요로울 수 있다. 오늘 행복하기로 결정하라. 내 삶은 나의 것이고 가고자 하는 방향으로 나아가라. 삶을 바라보는 시각이 내 삶을 만든다.

3

전심을 다하는 독서

한 측면에서도 성실함을 지닐 수 있으니, 성실하면 드러나고, 드러나면 뚜렷해지고, 뚜렷해지면 밝아지고, 밝아지면 움직이고, 움직이면 변하고, 변하면 교화된다. 오직 천하의 지극한 성실함이라야 교화시킬 수 있다. •주희

● ● ●

독서를 시작하고 책 읽기에 정성을 다했다. 성현의 말씀을 가슴에 새기고 또 새겼다. 차가웠던 마음은 봄빛에 눈 녹듯 녹아내리고 겸손도 알게 되었다. 양서는 마음을 가르치고 이끌어서 좋은 방향으로 나아가게 했다. 독서를 시작하고 논어를 읽고 또 읽었다. 정확한 의미는 알 수 없었지만 보고 또 보고 베끼고 또 베꼈다.

반복은 연구의 어머니라고 했다. 새벽에 일어나 작은 스탠드 불빛에 의지해 조용하게 논어를 필사했다. 그 느낌이 어쩌나 강렬하

던지 아직도 그 자리에 앉아 있는 내 모습이 눈앞에 그려진다. 삶이 힘들다고 느끼던 순간, 책은 나를 끊임없이 돌아보게 해주었다.

양서를 만나다

말과 행동에 어긋남이 없는지 살폈다. 잘못하고 있으면 고쳐 나가려 노력했다. 책의 내용을 나름대로 해석한 것이지만, 삶을 반성하고 잘못된 생각을 알아가며 바꾸어 가기에 충분했다. 논어를 베껴 쓰기 하는 것이 의미가 있는지 없는지, 변화가 일어날 것인지 아닌지 의심하거나 점치지 않았다. 그저 마음을 다스리기 위해 책을 보며 손으로 베껴 쓰기도 하고 블로그에 공유하기도 했다.

이런 행동이 나의 의식에 어떤 영향을 미쳤는지 알 수 없다. 다만 일상생활을 하면서 말과 행동을 하기에 앞서 먼저 생각해보게 되었다. 가랑비에 옷이 젖듯 책 읽기는 의식을 서서히 바꿔주었고 생각의 패턴을 새롭게 만들어 주었다.

《논어》,《도덕경》,《명심보감》,《대학》,《중용》,《손자병법》을 틈틈이 읽었다. 볼수록 새롭게 다가왔다. 오랫동안 우려낸 곰국처럼 진한 울림을 주었고 볼수록 깊은 맛을 느낄 수 있었다. 아는 만큼 보인다고 했던가? 아는 만큼만 생각하는 정도였지만 책을 읽지 않았다면 알 수 없는 것이었다. 성인의 가르침에 겸손할 수밖에 없었다. 양서는 나의 삶의 지침서가 되어 어떻게 행동하고 살아야 하는지

친절하게 안내해주었다.

온 마음을 다하라

전심을 다하는 독서는 스승인 큰어른에게 가르침을 받고 삶의 지혜를 배우는 시간이다. 한 번 보았을 때 알 수 없던 것이 두 번 볼 때 보이는 경우도 있다. 두 번 보아 알 수 없던 것이 생활 속에서 문득 깨달아지기도 한다. 온 마음을 다해 독서하며 방법을 강구하면 책이 길을 제시해준다. 자신이 어떻게 처신해야 하는지, 책에서 알려주는 대로 따라가다 보면 변화는 서서히 일어난다.

독서의 힘은 전심을 다해 읽는 데 있다고 해도 과언이 아니다. 자식의 병에 약을 구하는 부모의 심정으로, 전쟁에 나가는 군인이 무기를 다루는 마음으로 임해야 한다. 책을 읽으면 정신이 맑아지고 또렷해지며 자신이 나아갈 방향을 생각하게 된다. 어려움을 현명하게 대처하는 방법을 구한다. 느슨한 마음으로 책을 읽는다는 것은 올바른 책 읽기가 아니다.

마음을 다잡고 정신집중을 해야 한다. 그저 책장만 넘기며 아무런 지적 자극도 없이 읽는다면 올바른 책 읽기가 되기 힘들다. 그렇지 않기 위해 책을 선정하는 일에 신중하지 않을 수 없다. 내 수준에 맞고 뇌를 활발하게 움직이며 뇌에 자극을 줄 수 있는 책이 필요하다. 자기에게 맞는 책을 선정하되 고전도 함께 읽으면 좋을 것이다. 전심을 다해 읽는 책은 대충 보는 것과 느끼는 바가 천양지차다. 온 마음을 다해 책을 읽으면 자신이 원하는 답을 찾을 수 있다.

"다른 사람이 한 번 읽어서 알면 나는 백 번을 읽고, 다른 사람이 열 번 읽어서 알면 나는 천 번을 읽는다." 주자의 명언이다. 선인의 노력과 열정을 짐작할 수 있었다. 겨우 한 번 읽고 겨우 몇 권을 읽고 변화를 생각하는 나에게 경계하라는 충고의 말이었다. 읽으면 읽을수록 부족함을 느끼고 부끄러웠다. 책을 읽다 아는 내용이 나오면 제대로 알지 못하면서 '안다'고 생각하기도 했다. 벼는 익을수록 고개를 숙인다는 속담이 있다. 고수는 알아도 아는 체하지 않고 경거망동하지 않으며 겸손하다는 것에 저절로 부끄러워졌다.

전심을 다하는 독서는 울림이 있고 깨우침이 있다. 선조들의 지혜를 만날 수 있고 성인들의 가르침을 들을 수 있다. 논어는 책 한 권이 모두 명언이다. 그중 제7편 '술이(述而)'는 공자의 말씀만으로 엮어져 있으며, 가까이 두고 자주 들춰보면 좋다.

전심을 다하는 독서는 다른 곳에 신경 쓰지 않고 주일무적(主一無適) 하는 것이다. 온 마음을 모아 독서에만 전념했다. 독서에 집중하기 위해 헛짓하지 않는 것이 중요했다. 전심을 다하지 않으면 데면데면하여 느끼는 바가 없게 되고 포기하게 된다.

연습하고 반복하라

전심을 다하는 독서는 재능이 아니다. 의식적인 연습이다. 책 읽기가 힘들고 재미없어도 의식적으로 반복연습을 했다. 반복연습을 통해 자신을 성장시킬 수 있다. 반복연습은 자신과의 싸움이다. 스스로 피드백 하는 것의 한계를 극복하고 나아가는 힘이 된다.

전심을 다하는 독서는 직접 체험으로 느낄 수 없는 일도 간접경험을 통해 얻을 수 있다. 자신이 경험하는 것처럼 상황에 대입해 보며, 세상은 넓고 배움의 길이 많다는 것을 알게 된다. 정조 대왕께서 독서는 자기의 능력과 여건을 헤아려 하루, 한 달, 한 해의 분량을 정해서 꾸준히 읽어야 한다고 했다. 전심을 다하는 독서는 실천에 있다. 계획만 세우고 그만둔다면 수포로 돌아가고 만다. 책을 읽으며 좋은 글귀를 만나면 반복해서 들여다보며 내 것으로 만들어야 한다. 일상생활에 행동으로 적용해 보며 자연스럽게 받아들일 수 있을 때 독서의 효과가 발휘된다. 마음으로 다지고 몸으로 실천한다면 옳은 독서라 할 수 있다.

일두 정여창의 명언이다. "나는 자질과 능력이 남들보다 못한 사람이다. 때문에 전심전력을 다해 독서하지 않으면 털끝만 한 효과도 얻기 힘들다."라고 했다. 전심을 다한다면 교화가 일어난다. 오직 온 마음을 다해 독서한다면 독서로 인해 새로운 자신을 만날 수 있다.

4

몸도 마음도 건강해지는 책 읽기

즐거운 독서는 운동 못지않게 건강에 유익하다. •칸트

• • •

삶의 수렁에서 잡스러운 상념에 힘겨워하던 어느 날이었다. 머리 손질을 하려고 미용실에 들렀다. 헤어컷 하는 과정에 미용사가 눈을 동그랗게 떴다. 얼굴을 나의 머리 가까이로 가져가 뭔가 확인하려는 듯 다시 한번 들여다보았다. 멈칫하더니 손거울을 찾아 나의 손에 쥐여주었다. 내가 앉아 있는 의자를 획 돌려 뒷거울을 보라고 했다. 미용사는 나의 뒷머리를 젖히면서 뭔가를 찾아 손가락으로 가리키고 있었다.

"어머! 아셨어요?"

나는 속으로 '뭐지?' 생각하며 뒷거울을 자세히 들여다보았다.

오백 원짜리 동전 크기가 허옇게 피부를 드러내고 있었다.

"어, 뭐지?"

순간 미용사는

"원형탈모네요, 알고 계셨어요?"

"아…… 아뇨!"

하며 씁쓸하게 웃어 보였다. 머리 손질을 마치고 집으로 돌아오는 길에 무서움이 몰려왔다. 다른 건 몰라도 건강만은 자신하던 나였다. 건강하기만 하면 뭐든 헤쳐나갈 수 있을 것이라 생각했다.

원형탈모는 나의 건강에 빨간불을 켜주었다. 대수롭지 않게 생각할 수도 있었지만, 그 당시 나의 신경은 날카로울 대로 날카로웠고 아주 예민해져 있었다. 부정적인 반추로 스스로를 힘들게 하던 시기였다. 타인을 미워하고 화를 내는 것은 결국 자신의 건강을 해치는 것임을 그때 알았다. 원형탈모를 치료하기 위해 피부과 병원에 다니며 주사도 맞고 약을 먹으며 생각했다.

'이대로는 안 되겠어.' '생각을 바꿔야 해.' 몸의 적신호를 보며 이 모든 것이 나의 잘못된 생각에서 비롯되었음을 알아차렸다. 어디 그뿐인가? 예민하고 신경질적인 탓에 위장 장애가 심했다. 화를 내고 분노하면 할수록 몸은 이상 반응을 보였다. 커피 한잔이 그리워 마시려 해도 위에서 받아주지 않았고, 부정적인 생각을 하고 나면 두통으로 몸살을 했다. 음식을 먹으면 소화불량으로 구토를 하는 경우가 잦았다. 어깨는 긴장된 생활의 연속으로 딱딱하게 굳어갔다.

매일 굳어있는 목이 뻣뻣하여 뒷목을 만져보니 머리 가까운 부위에 뭉쳐있는 멍울이 잡혔다. '이건 뭐지?' 겁이 났다. 바로 병원으로 달려가 확인해보니 스트레스로 인해 근육이 뭉친 것이며 큰 문제는 아니라고 했다. '내 마음의 멍울이 몸에서도 나타나는구나!' '이래서는 안 돼, 방법을 찾아야 해.' 나의 건강을 위해서라도 방법을 강구해야 했다. 나는 그렇게 책을 만났다.

나를 살리는 독서

몸과 마음이 연결되어 있다는 것을 직접 체험했던 터라 정신 건강이 얼마나 중요한지 알게 되었다. 정신은 몸을 지배한다. 정신이 무너지면 몸도 혼자서 버틸 수 없다. 정신 근육을 키우고 몸의 건강도 챙겨야 했다. 책을 읽으며 정신단련에 들어갔다. 생각의 방식을 바꿔나가는 과정은 힘겨웠다. 혼란의 연속이었다. 책을 보며 삶을 긍정하다가 현실로 돌아오면 어느새 물거품이 되어 버리는 자신과의 싸움이었다. 마음에 새기고 새기며 매일 자신과 협상했다. 부정이 승리할 때가 많았지만 긍정을 포기하지 않기 위해 애썼다.

부정적인 생각의 대부분은 돈주머니가 비어서 남과 같은 삶을 이어갈 수 없다는 것이었다. 경제적 여건으로 많은 부분 제약을 받는 것과, 하고 싶은 것을 마음대로 할 수 없는 것(대부분 소비에 해

당할 수 있겠다)이었다. 이와 반대로 긍정적인 생각은 돈주머니가 비어 있기에 단순한 삶을 이어갈 수 있다는 것과 책 읽을 시간이 많아졌다는 것이다. 그리고 마음대로 여행 다닐 수 없는 대신 가족들과 시간을 보낼 수 있다는 것이었다.

독서는 치유다

생각의 긍정과 부정은 늘 이런 식으로 충돌했다. 좋은 점 찾기를 할수록 분노, 화, 원망은 줄어들었고, 조금씩 의연해질 수 있었다. 지금껏 내 마음의 긍정과 부정은 매일 충돌하지만 부딪치는 횟수가 줄어들고 긍정이 강해져 부정을 밀어내는 날이 많아졌다. 보이지 않는 정신건강이 몸의 건강을 지배한다고 해도 과언이 아니었다. 독서는 나의 몸과 마음을 회복시켜 주고 건강한 하루를 살아가는 데 지대한 영향을 주었다.

책을 읽을수록 마음의 근력이 생겼다. 다양한 책은 하루를 살아가는 힘과 즐거움을 주었다. 마음이 건강해질수록 몸도 가벼워지고 발걸음도 활기차게 되었다. 몸이 건강해야 마음도 건강하다. 몸과 마음은 연결되어 있으며 통합적으로 이해한다. 서로 균형을 이루는 시소와 같다. 한쪽만 잘한다고 해서 균형을 이룰 수 없다. 독서는 자신의 몸과 마음을 닦는 행위이다. 내면을 다스리고 지혜를 구하는 것이다.

내 몸의 도구를 이용해 마음을 구하는 독서를 했다. 눈을 이용해 책을 보고 손을 이용해 책장을 넘기고 좋은 내용을 기록해 남기거나 타이핑했다. 발을 이용해 지친 뇌를 쉬게 하며 산책도 했다. 의식의 흐름에 맞추어 신체의 흐름도 흘러갔다. 몸과 마음은 따로 떼어 생각할 수 없다.

우리가 겪게 되는 불행, 고통, 슬픔, 두려움, 상처, 아픔, 스트레스, 외면, 화, 불안, 궁핍, 비난, 마음의 분노를 통해 몸과 마음의 변화가 일어난다. 독서로 마음을 살피고 운동으로 몸을 다스린다. 서로를 돕지 않으면 상처를 입힐 수 있다.

독서는 보약이다

독서를 통해 몸도 마음도 건강해질 수 있다. 독서하는 사람은 자신의 건강을 돌보지 않고 마구 행동하지 않는다. 자기 자신을 돌볼 줄 알며 건강을 위태롭게 하지 않는다. 조금 덜 가지고 조금 덜 먹고 조금씩 비워낼 줄 알기에 지혜롭게 살아갈 수 있다. 독서는 몸과 마음을 건강하게 해주는 보약과 같다. 독서는 삶의 혼란과 혼잡에서 벗어나게 하고 평온함을 준다. 자극적이고 강렬한 음식보다 쌉싸름하고 소박한 음식은 입에는 덜 즐겁지만 몸에는 이로운 것이요, 군더더기 없는 생활을 이어가는 독서는 삶을 더욱 윤택하고 건강하게 해주는 것이다.

5

개구리의 웅크림

나는 얼마나 높이 올라갈 수 있는가를 보고 누군가의 성공을 점치지 않는
다. 나는 그가 바닥을 쳤을 때 어떻게 다시 올라가느냐를 본다.
• 조지 S. 패튼 장군

• • •

독서하며 보낸 시간은 나에게 어떤 시간이었을까. 개구리가 웅크
림의 시간을 갖는 것이라 생각한다. 도약하기 위해 개구리가 웅크리
고 있는 시간은 준비의 시간이다. 준비의 시간은 조용하고 움직임이
없다. 새로운 일을 계획하고 구상할 때 은밀하게 진행한다. 설계하
고 계획할 때는 조용하고 잠잠하다. 건물을 지을 때도 조용히 설계
하고 도면을 그린다. 설계도가 완성되면 기초부터 하나씩 쌓아 올
리며 행동으로 옮긴다. 독서는 구상과 설계의 시간이다. 자신의 삶

을 돌아보기도 하고 어떻게 살아야 하는지 미래를 위해 무엇을 해야 하는지 생각하는 시간이다. 개구리는 더 멀리 뛰기 위해 몸을 최대한 웅크린다. 그런 후 목표를 향해 최선의 노력으로 뛰어오른다.

조용히 자신을 닦아라

현재 일이 풀리지 않는다면 조용히 미래를 준비해야 한다. 모든 일에는 준비가 필요하다. 자연도 계절의 변화에 맞게 준비한다. 나무는 추위를 견디기 위해 모든 잎을 내려놓고 묵묵히 겨울을 지낸다. 봄이 왔을 때 새로운 잎을 돋게 하고 햇빛과 함께 싱그러움을 발산한다. 지난 추위를 견뎌온 시기를 자축하듯 봄꽃을 피워낸다. 운동선수는 묵묵히 자신의 자리에서 땀 흘리며 대회를 준비한다. 그 시간은 자신과의 싸움이다. 준비의 과정은 스포트라이트를 받지 않지만, 미래의 희망을 가지고 자신을 단련시키기 위한 노력의 시간이다. 아마추어는 프로가 되기 위해 연습하고 또 연습한다. 준비의 과정이 있기에 프로가 되는 것이다.

기회가 왔을 때 준비된 사람은 앞으로 나아갈 수 있다. 준비의 과정은 누구에게나 필요하다. 리더가 되기 위해 먼저 자신을 다스리는 준비가 필요하다. 자신을 다스리고 나서야 다른 사람을 다스릴 수 있기 때문이다.

특별한 준비가 있어야 특별한 성취를 이룰 수 있다.

— 로버트 H.슐러

미래를 준비하라

준비의 기간은 힘을 비축하는 시간이다. 에너지를 모으는 침묵의 시간이다. 태풍이 오기 전에 잠잠하고 고요한 것과 같다. 준비의 기간은 내일을 위해 존재하지만 내일을 위한 것만은 아니다. 자신을 성장시키고 발전시키기 위해 오늘 이 순간 최선을 다하는 것이다. 준비 기간은 헛되지 않다. 준비의 시간은 어려움을 헤쳐나가기 위한 노력이다. 실수가 있더라도 앞으로 같은 실수를 하지 않기 위한 자기 성찰이다. 준비가 끝난 사람의 마음은 고요하다. 열심히 준비했기 때문에 의연할 수 있다.

행복도 마음의 준비가 되어 있는 사람에게 미소 짓는다.

— 루이 파스퇴르

불안한 시기일수록 준비하는 삶을 살아야 한다. 정신이 준비되어 있는 사람은 위기에 맞설 수 있는 근력이 있다. 독서도 시작하겠다는 마음의 준비가 필요하다. 왜 독서해야 하는지 마음의 준비가 되면 실행에 옮길 수 있다. 준비운동만 계속한다면 곤란하다. 독서는 미래를 준비하는 과정이다. 독서를 하며 미래를 준비한다면 당신에게 운이 왔을 때 알아차릴 수 있다.

> 행운이란 준비가 기회를 만났을 때 나타난다.
> ― 세네카

《다산 선생 지식경영법》의 〈세검정에서 노닌 기〉에 보면 다산이 미리 준비하여 세검정에서 풍광과 운치를 즐기는 장면이 나온다.

신해년(1791) 여름의 일이다. 나는 한해보(韓徯甫) 등 여러 사람과 함께 명례방 집에서 조그만 모임을 가졌다. 술이 몇 순배 돌자 무더위가 찌는 듯하였다. 먹장구름이 갑자기 사방에서 일어나더니, 마른 우렛소리가 은은히 울리는 것이었다. 내가 술병을 걷어치우고 벌떡 일어나며 말했다.

"이건 폭우가 쏟아질 조짐일세. 자네들 세검정에 가보지 않으려나? 만약 내켜 하지 않는 사람이 있으면 벌주 열 병을 한 차례 갖추어 내는 걸세." 모두들 이렇게 말했다. "여부가 있겠나!"

마침내 말을 재촉하여 창의문(彰義門)을 나섰다. 비가 벌써 몇 방울 떨어지는데 주먹만큼 컸다. 서둘러 내달려 정자 아래 수문에 이르렀다. 양편 산골짝 사이에서는 이미 고래가 물을 뿜어내는 듯하였다. 옷자락이 얼룩덜룩했다. 정자에 올라 자리를 벌여놓고 앉았다.

난간 앞의 나무는 이미 뒤집힐 듯 미친 듯이 흔들렸다. 상쾌한 기운이 뼈에 스미는 것만 같았다. 이때 비바람이 크게 일어나 산골 물이 사납게 들이닥치더니 순식간에 골짜기를 메워버렸다. 물결은 사납게 출렁이며 세차게 흘러갔다. 모래가 일어나고 돌멩이가 구르면서 콸콸 쏟아져 내렸다. 물줄기가 정자의 주춧돌을 할퀴는데 기세가 웅장하고 소리는 사납기 그지없었다. 난간이 온통 진동하니 겁이 나서 안심할 수가 없었다.

내가 말했다. "자! 어떤가?" 모두들 말했다. "여부가 있나!"

술과 안주를 내오라 명하여 돌아가며 웃고 떠들었다. 잠시 후 비는 그치고 구름이 걷혔다. 산골 물도 잦아들었다. 석양이 나무 사이에 비치자 물살들이 온통 자줏빛과 초록빛으로 물들었다. 서로 더불어 베개 베고 기대 시를 읊조리며 누웠다. 조금 있으려니까 심화오(沈華五)가 이 소식을 듣고 뒤쫓아 정자에 이르렀는데 물은 이미 잔잔해져 버렸다. 처음에 화오는 청했는데도 오지 않았던 터였다. 여러 사람이 함께 골리며 조롱하다가 더불어 한 순배 더 마시고 돌아왔다. 같이 갔던 친구들은 홍약여(洪約汝)와 이휘조(李輝祖), 윤무구(尹无咎) 등이다.

— 〈세검정에서 노닌 기〉

다산은 소나기가 쏟아질 것을 미리 알았기에 세검정의 운치를 즐길 수 있었다.

기회가 왔을 때 도약하라

우리는 고령화 시대를 맞아 미래를 구상하고 준비해야 한다. 독서를 통해 자신을 관리하고 평생 학생으로 살아갈 수 있어야 한다. 독서하며 준비하는 시간은 다음을 기약하는 시간이고 다시 일어나는 힘이다. 행운은 저절로 찾아오지 않는다. 준비하는 사람에게 찾아온다. '세렌디피티의 법칙'이다. 노력한 끝에 찾아오는 우연한 행운의 법칙이다.

캄캄한 어둠의 들녘에서야 달과 별의 밝음을 알 수 있다. 삶의 위기에 책은 마음의 빛이 되는 것이다. 어둠이 있기에 밝음을 알 수 있고 역경에 처했기에 헤쳐나가는 힘을 강구한다. 처마 끝에 작은 종은 바람을 만나야 소리를 내고 인생의 위기를 지나서야 삶의 즐거움을 알게 된다. 독서도 누에가 실을 뽑듯이 꾸준하고 성실하게 멈추지 말아야 한다. 지금 바닥이라면 다행이다. 이제 더 이상 내려갈 곳이 없다. 바닥을 치고 다시 올라갈 일만 남았다. 넘어져도 포기하지 않는다면 넘어진 탄력으로 더 높이 올라갈 수 있다.

개구리의 웅크림은 기다림이다. 침묵의 시간은 아무런 변화가 일어나지 않을 것 같다. 조용히 평행선을 긋고 있는 듯하다. 개구리는 안일하게 포기하고 있는 것이 아니다. 기회를 엿보고 있다가 먹이가 나타나면 재빨리 도약한다. 우리는 어려운 시기에 개구리의 웅크림을 잊지 말아야 한다. 조급한 마음을 버리고 자신을 믿고 준비하면 기회가 올 것이고 기회가 왔을 때 도약할 것이다.

6

쉼, 숨 고르기

인간의 모든 불행은 단 한 가지, 고요한 방안에 들어앉아 휴식할 줄 모르는 것이다. • 파스칼

● ● ●

지친 삶의 휴식 같은 독서

'쉼' 하면 떠오르는 이미지가 있을 것이다. 재충전, 여행, 힐링, 여유, 휴양. 도시를 떠나 조용한 곳으로 자연에 더 가까이 가는 설렘과 즐거움이 앞서 떠오른다. 결혼 후 밥벌이에 바쁘기만 했다. 쉼이라는 단어가 내 삶에 있었는지 돌이켜보았다. 삶은 휴식 같은 휴식을 즐길 여유를 주지 않았다. 어쩌면 만들지 않았는지도 모르겠다.

독서는 내 삶의 휴식이다. 책은 매일 지친 영혼을 쉴 수 있게 하

는 쉼의 장소이다. '휴식' 하면 떠오르는 맨 마지막 단어일 수 있는 독서! 독서는 삶의 일상이기도 하지만 삶의 휴식이기도 하다. 독서를 시작하고 만 6년이 되었다. 책 읽기를 시작하고 하루도 손에서 책을 놓아본 적이 없었다. 늘 가방 속에 책이 있었고, 책은 내 삶의 휴식이고 쉬는 시간이었다. 즐겁지 않았다면 지금까지 못했을 것이다. 책 읽기가 삶의 힘든 시간을 힐링시켜주는 휴식 같은 시간이기에 힘겨운 세월을 보상받는 기분이었다. 휴식의 건강한 의미는 자신을 쉬게 하고 충전하며 다시 나아가는 힘을 보충하는 것이다. 그런 의미에서 독서는 내 인생 최고의 휴식이었다.

리더들은 휴가를 떠날 때 빠트리지 않고 책을 챙긴다. 새로운 장소에서 책을 보면 아이디어가 샘솟는다. 몸과 마음이 편안한 상태에서 독서하면 최고의 효과를 얻을 수 있다. 매일 한 권씩 1년 동안 독서를 하고 잠시 고민이 생겼다. 책을 읽지 않는 것은 아니지만 목표를 달성하였으니 이젠 어떻게 해야 할지 잠시 고민스러웠다. 목표가 있을 때는 그곳을 행해 나아갔는데 목표한 곳에 도착하니 이젠 어디로 갈까를 생각했다.

3년 1,000권 독서

'1년 동안의 독서가 반성과 치유의 시간이었다면, 이제부터는 내 삶을 위해 본격적으로 독서를 해야겠어!' '서두르지 말고 그렇다고 포기하지 말고 꾸준히 나아가자.' '이젠 3년 1,000권 독서를 시작하자.' 그 후 바로 1,000권 독서를 계획하고 돌입했다. 1년 후부터가 제대로 된 독서라 생각했다. 1년은 워밍업으로 독서 습관을 다지고 독서의 세계로 입문한 것이라면, 그 후 시작한 독서는 즐기는 독서였다. 정상에 다다르는 방법은 한 걸음 한 걸음씩 나아가는 것이다. 정상만 바라본다면 미리 지쳐서 다다를 수 없다.

가끔은 혼자 훨훨 떠나고 싶을 때가 있다. 일상의 의무감, 나에게 주어진 타이틀, 책임감, 어깨의 짐을 벗어놓고 홀연히 철저히 혼자이고 싶다는 생각을 해보았다. 우리는 혼자만의 시간을 간절히 원하기도 한다. 삶의 무게에 짓눌릴 때 떠나보면 알 수 있는 것들이 있다. 가족의 소중함, 소소한 일상의 행복, 가족과 함께 있기에 삶이 아름답다는 것을 떠남으로 더 절실히 느낄 수 있다.

우리 인생에 쉼표가 필요하다. 쉼표를 언제, 어디서, 어떻게 찍을지 자신의 리듬에 맞게 선택할 때 진정한 휴식의 시간이 된다. 다른 사람의 강요에 의한 쉼은 휴식이 아니라, 또 다른 긴장의 연속이 될 수 있다. 스스로 숨 고르기 방법을 찾으며 몸과 마음을 다독여야 한다. 삶의 방식이 다르듯 휴식의 방식도 자기가 원하는 방법이 최고의 효과를 본다. 산책, 명상, 운동, 등산, 영화 보기, 낚시 등 자신만의 숨 고르는 시간을 찾아야 한다.

일상생활의 소소한 쉼터는 가까운 커피숍이나 패스트푸드점이 될 수도 있다. 마음 맞는 사람과 차 한 잔을 사이에 두고 마주 앉아

담소를 나누는 여유이다. 삶의 속도만 중요하다고 생각하지 않는다. 잠깐의 쉼을 중요하게 여기는 까닭은 양보다 질이라는 인생의 깊이를 맛보는 시간이기 때문이다.

일요일 오전 느지막이 일어나 간단하게 브런치로 해결하고 내 몸의 껍질처럼 편안한 옷을 걸치고 집안 여기저기를 다니며 휴일의 여유를 즐긴다. 주말에는 밥 걱정, 설거지 걱정에서 벗어나기 위해 배달음식을 시키거나 밖으로 나가서 해결한다. '아 피곤해'라는 말이 툭 나와 버릴 때는 일찍 잠자리에 들어 모든 것을 잊고 꿈나라 여행을 떠난다. 출근길 버스에서 들었던 음악을 하루 종일 흥얼거리며 기분 좋은 일이 있느냐는 말을 듣기도 한다.

가끔 혼자 산책을 하며 호수에 앉아 오고가는 오리들을 한없이 바라보다 돌아온다. 집에 돌아와 책상을 끌어당겨 책을 펼치고 천국을 만나기도 한다. 우리는 모두 연결되어 있음을 느끼며 나 이외의 사람들도 사랑해보리라 다짐한다. 부족한 나를 만나기도 하고 때론 스스로를 칭찬하며 자신감을 심어준다. 나는 우주의 일부임을 인정하며 세계의 중심은 나라는 생각도 해본다.

소소한 행복 찾기

휴식은 나의 모든 방어태세를 풀어주고 무장 해제시키는 시간이다. 그 시간에만 느낄 수 있는 기쁨이 쉼으로 다가온다. 소소한 휴식의 시간은 나무에 비료를 주는 시간이고 화초에 영양제를 꽂는 시간이다. 자유롭게 원하는 대로 표현하는 시간이다. 일을 피해 도 망치기보다 잠깐의 쉼을 통해 다시 나아가는 힘을 충전한다. 거창 하지 않아도 좋다. 쉼과 숨 고르기는 일상에서 빠져서는 안 될 중요 한 요소이다. 때로는 타인만 행복해 보이고 나만 불행해 보일 때도 있다. 가진 것은 모른 체하고 손에 잡히지 않는 것을 가지려 하면 삶의 균형을 잃기 쉽다. 쉼을 통해 숨을 고르며 나도 타인도 행복할 수 있고 행복할 권리가 있다는 생각을 놓치지 않아야 한다.

숨은 우리의 삶과 직결된다. 숨은 자연스러울 때는 의식할 수 없 다. 살면서 힘들고 생활이 바빠지면 숨도 가빠진다. 그럴 때 쉼의 시간을 가지며 숨 고르기를 해야 한다. 쉼을 통해 긴 호흡으로 숨을 가다듬어야 한다. 호흡을 가다듬는 시간은 다시 평온한 숨쉬기를 도와준다.

독(讀)한 세상을 위하여

독서를 하며 내 몸에는 언제부터인가 독서 호르몬이 생겨났다. 독서 호르몬은 몸의 곳곳을 다니며 나를 도와주었다. 건강한 삶을 이어갈 수 있도록 산삼만큼이나 좋은 효과를 주었다. 독서 호르몬은 독서습관으로 만들어진 것이다. 지속적인 독서를 통해 만들어진 독서 호르몬은 자신의 건강과 성장을 도와준다. 독서는 메마른 땅에 내리는 한줄기 비처럼 희망을 준다. 큰 나무도 가느다란 가지에서 시작되고 천 리 길도 한 걸음부터 시작이라고 했다. 하나의 나무로 인해 또 다른 나무가 성장하고 더 많은 나무들이 어우러지면서 푸른 숲을 이룰 수 있다고 믿고 있다.

독서 호르몬을 만들어라

글을 읽고 쓰는 것이 더 이상 특정 계급이나 계층의 전유물이 아니라는 사실, 인쇄술의 발명 이후 책은 엄청난 양으로 유포되어 일용품이자 기호품이 되었다는 사실, 대량 발행으로 책값이 싸지면서 형편이 넉넉잖은 사람들도 최고의 양서들에 접근할 수 있게 되었다는 사실은 반가운 일이다.
• 헤르만 헤세

● ● ●

당신에게도 독서 호르몬이 흐르고 있는가. 독서 호르몬은 독서습관으로 만들어진다. 지속적인 독서를 통해 생성된 독서 호르몬은 인격의 성장을 돕고 영혼의 성숙을 이끈다. 독서 호르몬은 한번 생겨나면 독서를 지속함으로써 꾸준히 성장을 돕는 강력한 호르몬이다. 성별이나 나이, 직업이나 빈부와도 상관없이 본인의 의지로 만들 수 있다. 독서 호르몬은 시간이 지나면서 더 강력한 힘을 발휘한다.

독서 호르몬을 만드는 방법

1. 매일 독서하는 시간을 가진다.

2. 하루, 한 달, 한 해 분량을 정해서 규칙적으로 읽는다.

3. 앉아서만 읽을 수 있는 것이 아니다. (장소를 가리지 않는다)

4. 마음에 와닿는 문구를 발췌하여 기록한다. (독서 노트 작성)

5. 몸과 마음으로 생활에 적용한다.

6. 책 읽기를 멈추지 않는다.

독서 호르몬 3단계

1단계 - 매일 3주 동안 읽는다. 습관이 몸에 배려면 3주 동안 지
　　　 속하는 것이 중요하다.

2단계 - 3개월 동안 이어간다. 습관을 만들려면 백일기도하듯 이
　　　 어가는 인내심이 필요하다.

3단계 - 1년을 계획하라. 1년이면 독서 호르몬은 만들어진다. 그
　　　 후부터는 호르몬에 맡겨라.

일일일책(一日一冊)

독서 호르몬을 만들 때 명심할 것은 하루 분량인 오늘만 생각한
다는 것이다. 하루만 폭풍 읽기를 하고 그만두는 것이 아니다. 매일
꾸준히 읽는 것이 중요하다. 자신의 독서력보다 조금 높게 잡는 것

도 좋다. 당신의 능력은 스스로 생각하는 것보다 더 높기 때문이다. 시도해보면 거짓이 아님을 알 수 있다. 독서 호르몬을 만들겠다고 결심했다면 반드시 하루 분량을 해내야 한다. 아파서 누워있게 되는 경우를 제하고는 독서를 매일 이어가야 한다. 새벽에 일어나 스탠드를 켜고 읽기도 하고 짬짬이 읽으며 잠자리에 들기 전에도 읽는 것이다. 날마다 규칙적으로 읽고 지속하는 것이 중요하다. 깊이 있게 읽는 것도 중요하지만 독서 호르몬을 만들기 위해 목표량을 달성하여 성취감을 맛보는 것이 이로울 수 있다.

독서를 할 때 수첩과 펜을 이용해 중요한 부분은 메모해야 한다. 메모는 독서 노트를 작성할 때 도움이 되며 손글씨를 통해 글쓰기 능력도 향상시킬 수 있고 뇌를 활발하게 움직일 수 있으니 일석삼조이다. 독서하며 생활에 적용해볼 만한 글을 만나면 마음에 담아두었다가 실행해본다. 실생활에 적용하며 실수를 하더라도 되풀이하다 보면 자연스럽게 내 것으로 만들 수 있다. 독서 호르몬을 만드는 가장 중요한 법칙은 멈추지 않는 것이다. 멈추면 지금까지 이어왔던 것이 수포로 돌아갈 수 있다. 이왕 시작했으면 끝까지 간다는 다짐을 해야 한다. 칼을 뽑았으면 무라도 자르라고 하지 않았는가. 작심을 하고 목표를 달성한 자신의 모습을 그려보는 것도 효과가 있다. 멈추지 말고 3주에 이어 3개월만 지속하라. 지속한 후에는 독서습관을 멈추기 아까울 것이다.

독서 호르몬은 어느 순간 몸에서 만들어져 체내를 순환하며 반응한다. 호르몬은 몸속 곳곳에서 좋은 영향을 미치며 에너지를 생성하고 새로운 생각과 창조의 기운을 발산한다. 독서 호르몬은 당신을 탁월한 사람으로 만들어준다. 삶을 지혜롭게 살아가도록 해준다. 독서 호르몬은 자신의 의지로 만들며 스스로 이어갈 수 있다.

독서 호르몬의 이로움

1. 건강한 영혼을 만들어준다.
2. 삶을 긍정하게 된다.
3. 다양한 간접경험을 할 수 있다.
4. 각 분야의 전문가와 대화할 수 있다.
5. 성장을 돕는다.
6. 상상력, 창의력이 생겨나며 새로운 아이디어를 만들어낸다.

양서를 읽으면 건강한 사고에 건강한 정신이 깃들어 맑은 영혼을 가질 수 있다. 굳이 표현하지 않아도 향기가 묻어나는 꽃처럼 당신을 향기롭게 한다. 독서는 떳떳하고 바람직한 행위이며 도덕적인 삶을 돕는다. 자신의 삶뿐만 아니라 주위에도 좋은 영향을 미치며 친구나 자녀에게도 전할 수 있다. 독서를 통해 자신이 겪을 수 없던 타인의 삶도 들여다보며 다양한 삶을 체험할 수 있다.

독서 호르몬은 읽고 또 읽으며 말을 아끼고 조용하게 생각하고 겸손한 데서 생겨난다. 중요한 것은 진실한 자신과의 대화를 통해 지속된다는 것이다. 독서 호르몬을 만들기 위해 처음에는 <u>스스로</u> 노력하며 의식적으로 이끌어야 한다. 독서 호르몬이 만들어지고 난 후에는 자신이 의식하지 못하는 사이에 독서가 이끌고 있음을 알게 된다. 독서 호르몬은 <u>스스로</u>를 돕고 자신에게 기회를 주는 삶을 살게 한다.

삶을 부여잡는 책 읽기

가만히 책장을 바라보면 책이 나에게 말을 걸어온다. 작고 희미하게 들리는 소리도 있고 크고 강렬하게 들리는 소리도 있다. 책은 늘 곁에서 다정하게 말을 걸어주고 친구가 되어주고 궁금증도 풀어준다. 한 번 읽은 책을 다시 펼치면 처음처럼 강렬하지 않은 책도 있고, 처음 읽었을 때 알지 못했지만 두 번째 읽었을 때 가슴에 와서 박힐 때도 있다. 한 번의 만남으로 끝나는 책도 있고, 두고두고 자꾸 들춰보며 접하는 책도 있다. 삶의 변화를 줄 수 있는 책 읽기를 할 때 책은 더욱 가치가 있다. 의식적으로 삶의 역경을 이겨내기 위한 책 읽기가 필요하다. 커피숍에 앉아 유유히 읽는 책 읽기가 아니라 삶을 부여잡기 위한 책 읽기를 할 때 독서 호르몬은 만들어진다.

2

긍정적인 마인드 형성

당신이 불쾌한 기분 속으로 들어가기 때문에 모든 것이 불쾌해지는 것이다. 먼저 유쾌하게 생각하고 행동하라. 그러면 유쾌한 기분이 절로 솟아날 것이다. 이것이 평화와 행복을 불러오는 방법이다. • 데일 카네기

●●●

부정적인 생각과 긍정적인 생각은 종이 한 장 차이지만 결과는 삶의 패턴을 바꿀 만큼 크게 달라진다. 생각은 말과 행동까지 지배한다고 해도 과언이 아니다. 부정적인 생각은 부정을 불러오고 긍정적인 생각은 긍정을 불러온다. 긍정적인 삶을 이끌어가기 위해 긍정 마인드는 무엇보다 중요하다. 부정적인 생각을 빨리 밀어내는 힘! 그것은 긍정적인 방향으로 가는 지름길이다. 어떻게 생각할 것인가에 대한 고민은 우리 삶의 패턴을 바꾸어준다.

긍정의 힘

긍정적으로 생각하는 것이 큰 부담으로 다가온다면 억지로 바꾸려 하지 않는 것이 좋다. 그저 흘러가는 대로 바라보는 편이 낫다. 만약 부정을 긍정으로 바꾸고자 하는 마음이 있다면 의식적인 노력으로 점차 바꾸어가면 된다. 생각하는 대로 이루어진다는 말은 생각이 말과 행동에 영향을 미친다는 뜻이다. 책 읽기를 시작하면서 초기에 가장 혼란스러웠던 부분은 긍정 마인드를 형성하는 것이었다.

긍정이 처음에는 실처럼 가늘지만 여러 번 반복하고 겹쳐지면서 강해진다. 하나의 물줄기가 모여 굵은 물줄기가 되는 것이다. 물줄기가 하나둘 모일수록 힘은 강해진다. 독서하기 전에는 부정적인 생각이 꼼짝달싹할 수 없도록 발목을 잡고 있었다. 힘든 시기 부정적인 물줄기가 강해지면 힘없이 쓸려가곤 했다.

독서는 긍정의 나뭇가지였다. 처음엔 약하고 가는 나뭇가지에 불과했다. 이내 강한 부정의 물줄기에 휩쓸리곤 했다. 혼란의 연속이었다. 그럴수록 포기하지 않고 지속적으로 긍정의 나뭇가지를 키워나갔다. 시간이 지나면서 긍정의 나뭇가지는 굵고 단단해져서 웬만한 부정의 물살에 떠내려가지 않고 버틸 수 있었다.

긍정이 뿌리를 내리고는 든든하게 자리 잡아주었기에 부정의 물살에 휩쓸리는 일이 적어졌다. 상대적으로 부정의 물줄기는 약해졌다. 독서는 자신을 만나는 시간이다. 부정의 마음이 요동칠 때는 스스로를 다스리기 위해 자신과 대화하고 타협해야 한다. 마음에 긍정도 부정도 없는 상태라면 더없이 좋은 때이다. 의식하지 않는 것은 자연스러운 상태이니 최상이라 할 수 있다.

긍정 마인드는 자신의 삶에 낙관과 자신감을 심어준다. 가능성을 생각하게 한다. 자신뿐만 아니라 주위에도 좋은 영향을 미친다. 그래서 '어떤 사람과 함께 하는가'는 더 중요하다. 긍정적인 사람과 함께 지내면 생각의 흐름도 긍정으로 흐른다. 부정적인 사람과 함께 있으면 자신도 모르게 부정적인 흐름에 휩쓸리기 쉽다. 삶을 긍정하는 사람에겐 기분 좋은 에너지가 흐른다. 우리가 선의의 행동을 보면 기분이 좋아지는 것과 같다. 긍정 마인드는 제일 먼저 나를 편안하고 행복하게 해준다.

긍정 마인드는 우뇌를 사용함으로 만들 수 있다. 우뇌는 긍정의 뇌라고 한다. 자신의 이익을 생각하기보다 거대한 존재를 자각하고 연결되어 있다고 느끼는 것이다. 자신보다 우주적 차원에서 생각할 때 우뇌는 활발하게 움직인다. 긍정은 감사와 칭찬으로 만들 수 있다. 긍정적인 말을 사용함으로써 말하는 자신이 먼저 듣게 된다. 긍정의 언어를 하루에 세 번 혹은 더 많이 사용할수록 긍정 효과는 높아진다. 말의 힘은 실로 대단하다. 경험해보면 깜짝 놀랄지도 모른다.

긍정의 패턴을 만들어라

긍정의 샘터인 긍정 우물이 고갈되지 않기 위해 꾸준하고 지속적인 독서가 필요하다. 독서하면서 긍정의 에너지를 이어받으면 일상에서 활력을 찾는다. "긍정은 천하를 얻고 부정은 깡통을 찬다." 는 말은 얼마나 훌륭한가. 긍정하기 위해 불평하지 않아야 한다. 불평 금지는 마음의 안정을 유지시켜 준다. 한 번의 긍정으로 생각의 리턴이 일어나지 않는다. 긍정 패턴이 만들어지지 않는다. 길을 만들려면 자주 다녀야 한다. 한 번, 두 번 자주 긍정할수록 긍정 패턴이 형성된다. 책을 지속적으로 읽는 것은 긍정습관을 들이기 위한 좋은 방법이다.

긍정의 힘은 자신을 믿는 것에서 시작된다. 자신을 믿는 것은 주체적으로 살아가는 힘이다. 온통 검은 바탕의 부정이 자리를 잡고 있고 가운데 작은 흰점만 긍정일 수도 있다. 긍정의 흰점에 집중한다면 부정의 공격에도 맞설 수 있다. 다른 사람이 부정하는 9가지 이유보다 자기 긍정의 한 가지 이유에 집중해야 한다. 자신에 대한 긍정이 약할 때는 자신보다 자기를 더 믿어주는 가족을 생각해보는 것도 좋겠다. 언제나 내 편이 되어주는 가족. 특히 엄마의 힘은 자신을 긍정할 수 있는 가장 큰 원천이다. 자기 긍정이 강할수록 성장 속도는 빨라진다.

나로 말할 것 같으면 긍정주의자인데 다른 주의자가 되어봤자 쓸
모없는 것 같기 때문이다.

— 윈스턴 처칠

긍정은 자기에게 일어나는 일을 있는 그대로 받아들이는 것이다.
불평을 그만두고 받아들이며 긍정한다. 이 일이 지나면 좋은 일이
있을 것이라는 믿음을 가진다. 자신을 긍정하는 사람은 자녀에게도
타인에게도 긍정을 전달한다. 칭찬 한마디 할 수 있는 여유가 생긴
다. 자기 자신을 긍정하면 타인의 말에 흔들리지 않는다. 자기의 행
복을 타인의 손에 맡기지 않기 때문이다. 자기 긍정을 위해 자기 긍
정 선언문을 작성해보는 것도 좋다. 오늘을 긍정하기 위한 하루 긍
정 선언문이다.

하루 긍정 선언문

1. 아침에 눈을 뜨고 하루를 맞이하며 살아 있음에 감사한다.
1. 오늘 하루도 좋은 일이 있을 것이므로 가슴이 설렌다.
1. 오늘 만나는 사람을 기분 좋게 대하며, 그들도 나를 기분 좋게
   대한다.
1. 오늘 만나는 사람은 좋은 사람이며, 그들도 나를 좋은 사람으
   로 바라본다.
1. 타인에게 도움을 준다.

제5장 독(讀)한 세상을 위하여

1. 바쁘더라도 잠깐 멈추어 하늘을 본다.

1. 감사한 이유를 찾아 감사한다.

1. 마음의 잡초를 뽑아 홀가분한 상태를 유지한다.

1. 하루를 낙관하고 나를 긍정한다.

1. 몸과 마음은 최상이며, 오늘은 내 인생의 가장 젊은 날이다.

1. 긍정의 언어를 사용하며, 얼굴에는 미소를 짓는다.

1. 오늘도 그러하고 내일도 그러하다.

어렵고 힘들 때일수록 긍정해야 한다. 부정적인 생각은 몸을 망치고 자신을 수렁으로 끌어들인다. 긍정적인 생각은 자신을 치료해주는 의사와 같다. 긍정은 밝은 마음을 가지도록 하고 밝은 마음은 밝은 기운을 끌어들인다. 애덤 스미스의 《도덕감정론》에 보면 "성격적으로 쾌활한 것보다 더 좋은 것은 없다."고 했다. 명랑한 마음은 최고의 재산이고 빨리 행복하게 만들어준다. 명랑하고 활발한 성격은 긍정 마인드에서 나온다.

'나는 아무것도 부럽지 않고 지금 이 순간 내가 가진 것에 감사한다.' '앞으로 점점 나아질 것이고 좋아질 것이다.' 불평을 거두고 타인의 부정에 귀 기울이지 않고 자신의 긍정에 집중하는 것이 긍정의 원동력이다. 긍정에 관한 책과 행복에 관한 책을 읽는 것으로도 긍정적인 마인드로 이어질 수 있다.

3

나를 만드는 신념

인생의 모든 면에서 신념을 일관되게 밀고 나가라. • 메릴 스트립

● ● ●

독서를 시작한 지 한 달쯤 되던 날이 떠올랐다. 그날의 느낌은 너무 선명해서 멍하니 앉아 있는 나의 모습이 그림처럼 남아 있다. 책장을 앞에 두고 책상에 앉아 책을 읽었다. 알 수 없는 생각들이 홍수처럼 생각을 뒤덮었다. 멍하니 앞을 보고 생각한 것은 '신념'에 관한 것이었다. 그 당시 신념이라는 것이 무엇인지 제대로 알지 못했다. 그저 삶이 답답하여 시작한 독서가 아니었던가. 신념에 대한 생각은 '내가 책을 읽으면 뭐하나'라는 물음에서 시작되었다. '책만 읽는다고 변하는 것이 있을까?' '당장 필요한 쌀이 생기는 것도, 돈이 나오는 것도 아니다.' '그러면 나는 왜 책을 읽어야 하나?' 생각

제5장 독(讀)한 세상을 위하여

의 꼬리를 물고 도착한 곳이 지금의 신념이 되었다.

내 삶이 누군가에게 힘이 된다면

책을 읽어 나의 삶에 조금이라도 변화가 생긴다면, 나처럼 힘들어하는 사람에게 하나의 선례가 될 수 있겠다. '저 사람은 책을 읽으며 힘든 시기를 넘겼구나! 그렇다면 나도 한번 해보자.'라고 생각하는 사람이 생긴다면 나의 책 읽는 삶이 무의미하지 않겠다는 것이다. 그 생각이 책 읽는 신념이 되었다. 지속하다 보니 신념은 더 단단해졌고 3년 동안 1,000권의 책을 읽었다. 그 신념으로 2011년 생일날 시작한 독서를 지금껏 이어올 수 있었다. 내 삶이 누군가 한 사람에게라도 좋은 영향을 미칠 수 있다면 그것으로 행복할 것 같았다. 그 한 사람이 또 다른 사람에게 좋은 영향을 미칠 것이기 때문이다.

운동경기에는 신기록이 생겨난다. 기록은 넘어서라고 있는 것이다. 처음에는 할 수 있을지 의구심이 들어 선뜻 시작하기가 힘들 것이다. 만약 누군가 벌써 기록을 세웠다면 생각은 달라진다. '어, 그래?' '그도 했다면 나도 할 수 있겠다.'라는 자신감이 생긴다. 먼저 실천한 사람의 사례를 거울삼아 처음엔 따라 하다가 자기만의 방법을 만들어가면서 더 잘할 수 있게 된다. '청출어람'(靑出於藍)은 제자가 스승을 뛰어넘는다는 뜻이다. 누군가 나의 사례를 발판 삼아 더 많이 발전하고 나아가며 신기록을 세워갈 것이다.

신념이라는 단어를 보면 나무가 생각난다. 신념은 마음속에 서 있는 나무 한 그루를 떠올리게 한다. 마음속에 나무 한 그루를 심고 키운다. 나무는 신념이다. 처음에는 가늘고 약한 어린나무이다. 사람들이 쉴 수 있는 그늘을 만들기에 턱없이 부족하다. '잘 자라서 사람들이 쉬어갈 그늘을 만들어야겠어.'라고 다짐하며 마음속 나무를 가꾸기 위해 관심을 가지고 물을 주며 잡초도 뽑는다. 나무가 자라 그늘을 드리우면 사람들이 들러서 쉬어가는 공간이 된다. 어떤 날은 한 사람만 들를 수도 있고 어떤 날은 몇 사람이 들를 수도 있고 또 어떤 날은 많은 사람이 들른다. 숫자에 연연하지 않으며 나무는 자신을 가꾸는 일에 소홀하지 않는다. 누군가 그늘이 필요해 나무 아래로 올 때면 쉬어갈 수 있는 공간이 되기 위해 노력한다. 나무는 점점 더 자라 그늘을 넓게 드리울 것이다.

자신의 길을 가라

자신의 길을 가는 것은 주체적인 삶이라 하겠다. 타인의 시선에 좌우되지 않고 스스로 생각하고 선택하고 결정한다. 원래 없던 길도 자주 다니면 길이 되는 것이요, 자신이 하고 싶고 잘하는 것을 반복하다 보면 새로운 길이 된다. 신념은 스스로 만들어간다. 남과 다르다고 남이 가보지 않은 길이라고 주저하지 말자. 남이 가지 않은 길은 원석이다. 잘 갈고 닦으면 다이아몬드가 될 수 있다. 자신이 굳게 믿는 뜻 하나를 마음속에 단단히 심어두고 묵묵히 자신의 길을 가는 것이다. 당신이 가는 길이 험한 가시밭길일 수도 있고 잘 닦인 꽃길일 수도 있다. 중요한 것은 자신의 길을 가는 것이다.

자신의 신념이 떳떳하다면 흔들리지 않는다. 한곳에 몰입하는 사람을 보면 주위에서 미쳤다고 하는 경우가 있다. 한곳만 들이파는 사람을 보면 그만의 세계가 있는 것처럼 보인다. 그곳이 궁금하기도 하고 관심이 가기도 한다. 몰입하는 사람들은 언젠가 자신이 원하는 곳에 다다른다. '미쳐야 미친다.'는 말이 예사롭지 않다. 어느 분야든 자기가 좋아하는 일에 빠져 일하는 사람은 행복하다. 주위에서 무어라 하든 자기의 인생을 살아간다. 좋아하는 일을 하면 몰입도가 높아지고 성과도 차츰 따라온다. 의무감으로 하던 일도 지속하다 보면 잘하게 되지만 좋아하는 일을 즐기는 것에 비하면 행복감은 떨어진다.

믿는다는 것은 자신을 지켜주는 수호천사와 같다. 신념은 자기가 원하는 것을 이루겠다는 자신감이고 확신이다. 신념이 강할수록 다른 길로 엇나가지 않는다. 신념은 가고자 하는 길로 나아가게 한다.

생각이 빈곤했던 내가 책을 읽고 여기까지 올 수 있었던 이유는 독서로 좋은 영향을 끼치겠다는 신념 덕분이다. 타인의 삶을 움직일 수는 없다. 나로 인해 타인이 변화했다면 그것은 내가 변하게 한 것이 아니라 그 사람 스스로 변한 것이다. 같은 상황에서 자극을 받더라도 자신을 변화시키는 사람도 있고 변하지 않는 사람도 있기 때문이다. 이것은 필시 그 사람이 변한 것이다.

신념은 자신의 삶을 만들어가는 푯대와 같다. 마음의 푯대를 꽂 아두면 그곳을 향해 나아가게 된다. 신념이 생기면 앞으로 한 걸음 씩 나아가기 마련이다. 독서가 그랬다. 독서하며 타인이 걸었던 발 자국을 만나면 두려움이 줄어들고 나도 할 수 있다는 자신감도 생 긴다. 독서로 깨달음이 생기면 모르핀보다 더 강력한 기쁨을 맛본 다. 책 읽기를 꾸준히 하면 인격 형성을 이룬다. 위대한 사람이 처 음부터 위대했던 것은 아니요, 평범한 사람도 꾸준히 노력하여 나 아가면 비범한 경지에 도달할 수 있다.

전진하라. 신념이 생길 것이다.

— 달랑베르

독서는 내 인생의 터닝포인트

독서는 화려하지 않다. 누군가에게 보이기 위해 독서하는 사람은 없을 것이다. 묵묵히 자신의 내면을 들여다보고 성찰하며 삶의 지 혜를 구하는 것이다. 독서는 조용하고 온화하고 묵직하다. 안개의 물기운에 옷이 서서히 스며들듯 하여 옆에서 지켜보면 알 수 없을 정도이다. 내면에는 역동적인 변화가 일어나지만 겉으로는 아무런 티가 나지 않는다.

화려하지 않지만 많은 사람들이 독서를 좋아하고 즐긴다. 조명받지 못하더라도 투정 부리거나 화내지 않으며 묵묵히 독서한다. 타인에게 인정받기 위해서가 아니라 자신을 인정하기 위함이고, 대단한 성과보다 삶 속에 스며들어 스스로가 행복하고 즐겁기 때문이다. 우리가 밥을 먹지 않으면 힘이 나지 않는 것처럼 책을 보지 않으면 기운이 나지 않는다. 독서는 조용한 침묵의 시간이다. 독서는 누군가 알아주기를 바라지 않는다. 자신을 알아가는 과정이다. 미켈란젤로의 명언이 답이 될 수 있겠다. "내가 알지."

나의 신념은 독서를 통해 만들어졌고 독서할수록 더 강해졌다. 독서를 하며 발견한 가장 소중한 것은 사랑하는 마음이었다. 다른 사람을 측은하게 생각하는 마음이 자신의 마음을 움직여 변하게 하고 관계를 개선시켜 주었다. 독서에 그보다 더 거창한 것이 숨어 있을 수도 있겠지만 내가 독서하며 찾아낸 가장 소중한 보물은 바로 사랑이었다.

독서를 시작했기에 신념이 생겼고, 신념을 가지고 한 걸음씩 나아갔기에 조금씩 변할 수 있었다. 독서의 신념은 앞으로도 나를 이끌어 줄 것이다. 지금 확실한 믿음은 독서가 내 인생의 중요한 터닝포인트라는 사실이다.

4

영혼을 만나는 시간

누구나 위대한 사람이 될 수 있다. 왜냐하면, 누구나 남에게 필요한 존재가
될 수 있으니까. 대학을 가고 학위를 따야만 남에게 필요한 존재가 되는 건
아니다. 학식 있고 머리가 좋아야만 그렇게 할 수 있는 것도 아니다. 사랑할
줄 아는 가슴만 있으면 된다. 영혼은 사랑으로 성장하는 것이니까. 그리고
이것은 진실이니까. • **마터 루터 킹 2세**

● ● ●

지금껏 영혼이라는 단어를 사용하지 않았다. 먹고 살기에 바빠
정신없이 하루를 보내고 뱃속에 밥을 채우는 것이 우선이었다. 영
혼은 현실과 동떨어진 것 같았고 다른 세상의 이야기로만 생각했
다. 현실과는 상관없는 비물체적인 죽음을 연상하기도 했다.

어느 날 정신을 차려보니 영혼이 지쳐 힘들어 하고 있는 것을 알
았다. 그때 보이지 않는 영혼이 더 중요하다는 것도 깨달았다. 눈에

제5장 독(讀)한 세상을 위하여

보이는 육체만 중요하다고 생각하던 것에서 독서를 하며 영혼을 챙겨야 함을 알게 되었다. 영혼의 충전은 밥을 먹어 육체를 챙기는 것보다 더 보람 있었다. 영혼을 만나는 시간은 밥을 먹을 때의 기쁨을 능가했다.

책 읽기는 영혼의 대화

책 읽기는 영혼끼리의 만남이다. 실물을 보지 않고 대화할 수 있는 것이 영혼의 대화이다. 자신과 만나서 대화하는 시간이기도 하다. 나의 영혼을 만나 대화한다. 지친 영혼을 다독이고 위로한다. 책 읽기는 실물을 만나지 않아도 영혼과의 대화이기에 시간과 공간을 초월한다. 수천 년이 지나도 지금껏 살아 숨 쉬고 있는 고전 속의 인물을 만날 수 있다. 옛 성인이나 위인을 만나고 현재 위인도 만날 수 있다. 실재 인물을 만나지 않더라도 책 속의 가르침을 받을 수 있다. 책의 세계는 광활하고 위대하다. 영혼의 충전은 지금껏 느껴보지 못한 충만감을 준다.

누군가는 자기계발 도서를 읽지 않는다고 했지만, 나의 경우 내 손에 오는 모든 책이 스승이고 친구였다. 고전이 좋은 책이지만 독서 초보에게는 수준이 맞지 않아 읽기가 힘들 수도 있다. 초보에게 고전은 어렵게만 느껴지는 스승이고 그 외의 책은 친구처럼 부담 없이 친해질 수 있다. 독서 근력이 쌓이면 고전이 읽고 싶은 시기가 생긴다. 그때부터 전심을 다해 읽으면 된다. 나의 경우 고전과 부담 없는 책을 겸하여 읽었다. 책도 자기와 맞는 시기가 있다. 병에 딱 맞는 약의 처방처럼 지친 영혼에 꼭 맞는 책을 만나면 치유의 효과가 있다. 책을 읽으면 저자와 대화하듯 가깝게 느낀다. 영혼의 대화는 외물이나 외모에 신경 쓰지 않기에 대화에 더 집중할 수 있다. 책을 읽고 저자 강연회를 가거나 저자와 만날 경우 처음인데도 낯설지 않고 친근하게 느낄 수 있다. 영혼의 대화가 이루어지기 때문이다.

영혼의 대화는 진심을 느낄 수 있는 시간이다. 요즘은 통신이 발달하여 소통할 수 있는 경로가 다양하지만, 인터넷이 발달하기 전에는 대부분 손편지로 소식을 전했다. 편지는 만나지 않아도 상대의 진심을 느낄 수 있고 그 마음에 눈시울이 붉어지기도 한다. 편지는 목을 길게 늘이는 기다림과 설렘의 아련함이 있다. 진심은 보이는 것보다 보이지 않는 것에서 느낀다. 온 정신을 집중하기 때문이다. 절실한 시기를 만나면 영혼으로 대화하는 책 읽기가 더 소중하게 느껴진다.

책 읽기는 영혼을 꽃피운다

영혼을 위해서 시간을 내야 한다. 영혼을 돌보며 지치거나 뒤처지지 않도록 살펴야 한다. 명상이나 사색, 산책, 자연 바라보기, 음악 듣기, 기도하기로 자신의 영혼을 다스리는 방법을 마련해 두어야 한다. 애벌레처럼 기어 다니던 영혼을 돌봄으로써 나비로 성장하여 자유롭게 날아다닐 수 있게 한다. 영혼의 돌봄은 바다에 사는 날치가 물속을 다니다 답답하여 물 밖으로 날아오르며 부족한 산소를 보충하는 것과 같다. 우리도 영혼의 욕구를 충족시켜야 한다. 바쁘고 삭막한 도시 생활에서 영혼을 만나는 시간은 필요하다. 어린아이 같은 영혼을 성장시키고 엄마의 마음으로 가꾸어가며 영혼을 꽃피워야 한다. 우리는 영혼을 꽃피우기 위해 미움, 분노, 질투, 화의 감정을 다스리고 품성을 기르기 위해 노력해야 한다. 감정을 다스리지 못하고 화를 분출하면 자신에게 더 해롭다. 타인으로 시작된 분노는 결국 자신을 삼켜버린다. 화, 분노라는 감정은 큰소리를 낼수록 불어나고 눈덩이처럼 커진다.

책을 읽으며 나와 같은 영혼이 있음을 알게 되고 공감하게 된다. 비슷한 상황이거나 같은 상황을 겪으며 고뇌하고 극복하는 사람이 우주에 함께 존재함을 알게 되고 힘을 낸다. 타인의 영혼을 들여다보며 자신을 살피는 책 읽기는 마음과 영혼에 집중하는 것이다.

책 없는 방은 영혼 없는 육체와도 같다.
— 키케로

책 읽기는 영혼을 충전한다

영혼을 성장시키기 위해 책은 지대한 영향을 미친다. 영혼 없는 육체는 껍질과 같다. 책을 읽으며 영혼을 충전하는 시간은 삶을 풍요롭게 하고 영적인 성숙을 가져다준다. 스스로를 위해 영혼의 성장을 도와야 한다. 신체 건강보다 더 중요한 것이 맑고 밝은 영혼을 가지는 것이다.

영혼은 육체를 이끄는 주인이고 말을 이끄는 마부이며 배를 운전하는 선장이다. 영혼은 육체가 어긋난 방향으로 가지 않게 한다. 영혼으로부터 멀리 떨어져 쾌락과 욕망에 매이게 되면 술에 취한 듯 어질어질하게 살아간다. 육체가 영혼을 매이게 하는 족쇄가 되어버린다. 자유로운 영혼이 되기 위해 육체의 욕망에 끌려다니지 말아야 한다.

눈으로 자신을 바라볼 수 있는 두 가지 도구는 거울과 책이다. 거울은 신체를 바라보는 도구이고 책은 영혼을 바라보는 거울이다. 거울로 외면의 모습이 깨끗하고 단정한지 확인한다. 책으로 내면 상태가 안정적이고 균형을 이루고 있는지 확인한다. 두 가지 도구 중 외면을 향한 거울에만 관심을 가지는 것이 아닌지 돌아볼 일이다. 영혼의 상처는 없는지 곪아가고 있지는 않은지 보호하고 확인해야 한다. 육체와 영혼이 있음을 알기에 인생에 삶과 죽음이 있음을 안다. 육체는 늙어도 영혼은 청춘임을 알며 역경이 있으면 성취가 있음을 안다. 육체에 밥 한 숟가락 떠 넣으면 영혼도 채워야 함을 알며 육체를 기쁘게 하는 것보다 영혼을 기쁘게 해야 함을 안다. 영혼은 위기와 고난과 역경을 통해 강해지기도 하지만 사랑으로 더 강해진다. 책을 읽는 것은 지혜로운 삶을 살아가기 위함이다. 지혜로운 삶을 살기 위한 답은 사람을 사랑하는 것에 있다. 영혼을 만나는 시간은 삶을 들여다보는 시간이며 인생 여행의 휴게소이며 가뭄에 내리는 단비이며 잡초 사이에 피어난 꽃과 같다.

책은 영혼이 밖을 내다보는 창문이다.
— 헨리 비처

유리는 조심해서 다루어야 한다. 영혼의 상처는 깨진 유리와 같다. 깨진 유리를 아무렇지 않은 척 붙여 보려고 해도 예전 같지 않다. 깨진 유리는 날카로워서 그로 인해 다른 사람에게 상처를 줄 수도 있다. 영혼이 깨진 유리가 되지 않도록 자주 들여다봐야 한다.

5

독하게 독서하라

얼마나 많은 사람들이 독서를 통해 인생의 새 장을 열어왔는가.

• 헨리 데이비드 소로

● ● ●

나는 독한 여자가 아니다. 마음의 독(毒)을 치료하기 위해 독서를 시작했다. 마음의 독을 빼고 나니 독(讀)한 여자만 남았다. 책 읽는 과정에 독한 마음이 없었다면 지금껏 이어올 수 없었을지도 모른다. 그리고 보면 독한 것도 나쁘기만 한 것은 아니다. 계획을 세우고 목표에 도달하기 위해서 독하게 마음을 가져야 한다. 타인에게 피해를 주는 것이 아니라 자신을 단련하기 위함이니 나쁜 것이 아니다. 독서는 내 삶의 터닝 포인트가 되었다. 독서는 지루하고 힘든 삶에 새로운 희망을 주었고 인생을 대하는 방식을 바꾸어 놓았다.

제5장 독(讀)한 세상을 위하여

독서는 자유롭다

독서를 통해 이룰 수 있는 것은 많다. 독서하며 변화할 자신의 모습을 그린다. 자기긍정 설계도에 따라 뚜벅뚜벅 걸어간다. 포기하지 않는다면 독서는 당신을 끝까지 돕는다. 다른 누구를 위한 것이 아니다. 자신을 위해서다. 독서하기에 방해요소가 많고 유혹하는 것이 많은 요즘이다. 독하지 않으면 힘들다. 자기만의 방식으로 계획하고 나아가면 된다. 독서는 하면 할수록 숙연해진다. 자신의 모자람을 발견하며 겸손해진다. 독서는 지금껏 살면서 생각하지 못한 것을 생각하게 한다. 느끼지 못했던 것을 느끼게 한다.

어릴 적 혼자 있는 시간이 지루했던 때가 있었다. 무엇을 해야 할지 몰라 한없이 심심했다. 어른이 되어서도 크게 다르지 않았다. 일상이 바쁜 중에도 무료함과 심심함의 실체를 알지 못했다. 새로운 자극을 원했지만, 육체적 즐거움은 잠시 잠깐으로 끝나버리고 이내 허탈함이 몰려오곤 했다. 책이 매력적일 수밖에 없는 이유는 무료하지 않기 때문이다. 새로운 책을 만나면 설레고 흥미로웠다. 학교 다닐 때처럼 시험을 봐야 하거나 평가하거나 순위를 매기지 않았다. 이 얼마나 행복한가.

책을 읽는 것은 자유로운 행위이고 주체적인 행위이다. 즐겁고 행복한 중에 자기 계발도 된다. 돈이 드는 것도 아니니 읽지 못할 책도 없다. 책은 자기의 능력을 뛰어넘는 가능성이다. 보고 또 볼 수 있다. 조용함 속의 역동성, 혼자서 즐기는 짜릿함이 있다. 도서관은 천국이다. 인간관계의 스트레스에서 벗어날 수 있다. 타인의 시선으로부터 해방될 수 있고 행동도 자유로울 수 있다. 다른 사람은 신경 쓰지 않아도 된다.

독서는 숙성의 시간이다

1,000권 독서를 하는 내내 일주일에 한 번씩 도서관에 들렀다. 책을 대출해오면 먼저 책표지를 예쁘게 사진 찍어두었다. 일주일 동안 책을 읽고 블로그에 독서목록으로 기록했다. 예쁘게 사진 찍어놓은 책 사진을 올리고 동영상도 만들었다. 이런 과정들이 독서하는 즐거움의 하나였고 독서를 이어가는 힘이고 성취감이었다.

독서는 숙성의 시간이다. 밀가루 반죽도 숙성을 시키면 탄력 있어지고 쫀득하고 음식 맛이 좋아진다. 김치도 숙성시키면 배추에 양념이 스며들어 깊은 맛을 낸다. 글도 숙성시키면 깊이를 더한다. 숙성의 시간은 음식에는 깊은 맛을 선사한다. 글에는 깊이 있는 생각을 더해주며 사람에게는 기품 있는 인격을 더해준다. 숙성의 시간은 자신을 돌아보고 쉬어가며 뜸 들이는 시간이다. 시간에 쫓겨 생활하다 보면 참을성이 부족해지고 조급한 마음이 앞선다. 우리에게도 숙성의 시간이 필요하다. 혼자만의 시간을 가지고 내면을 들여다본다면 성숙함을 더할 수 있다. 빠르게 돌아가는 시대일수록 숙성의 시간을 가져야 한다. 독서는 자신을 숙성시키는 좋은 도구이다.

요즘 혼밥·혼술이 유행이다. 바쁜 일상에 시간을 단축하려고 혼자서 밥을 먹고 혼자서 술을 마신다. 혼자 할 수 있는 것 중 의미 있는 것이 또 있다. 혼자 책 읽는 혼독이다. 홀로 있는 시간에 독서하는 것이다. 혼자만의 시간은 자신을 성장시키고 발전시킨다. 혼자서 독서하는 시간은 공허한 내면을 충족시켜주고 빛나게 한다.

독서는 만남이다

독서는 자신을 만나는 시간이고 삶의 지혜를 구하는 시간이다. 사랑의 실천방법을 강구하는 시간이다. 평범한 사람일수록 독서해야 하고 가난한 사람일수록 더욱 독서해야 한다. 부자는 귀해지기 위해 독서해야 한다. 독서는 만 배의 이익이 있다. 위인, 성공자의 공통점이 독서이다. 독서의 중요성은 이루 말할 수 없을 정도로 많다.

마음의 독을 뺀 자리에 사랑이 채워졌다. 독서의 힘은 거기에 있다. 우리가 독서하며 자신을 만날 시간은 평생 얼마나 될까. "어린 시절은 철없이 보내버리고 청소년기에는 젊음을 즐기고 성인이 되어서는 욕망에 사로잡히고 만다. 여름에는 덥고 겨울에는 춥고 잠자고 밥 먹고 아프고 늙어서 책 읽을 시간을 찾기가 힘들다. 그럼에도 불구하고 부지런히 독서해야 한다. 철없을 때는 멋모르고 독서하고, 청소년기의 열정으로 독서하고, 성인이 되어 성숙한 모습을 보이기 위해 독서하고, 더위를 잊기 위해 독서하고, 추위에 정신이 번쩍 들게 독서한다. 잠은 죽어서 자는 것이니 줄여서 독서하고, 밥 먹고 아픈 날을 제하고 건강이 나빠지기 전에 부지런히 독서해야 한다." 이미 선인들이 말한 바이다.

독서는 우리가 된다

무수한 하나가 세상을 바꾼다. 하나의 힘. 한 방울의 물이 모여 바다를 이룬다. 내딛는 한 걸음이 정상에 이르게 한다. 한 줌의 흙이 건물을 완성시킨다. 하나의 디테일함이 작품을 완성시킨다. 한 권의 책이 무한한 가능성으로 이어진다. 하나의 꽃씨가 꽃밭을 이룬다. 하나의 밀알이 밀밭을 이룬다. 하나의 나뭇가지가 거목이 된다. 하나의 몸짓이 나비효과를 일으킨다. 하나의 힘은 모든 것을 뒤바꾸는 힘이다. 하나의 힘은 인생까지 뒤흔들 만큼 강력하다. 하나의 힘이 큰 힘이 된다. 무수한 하나하나가 세상을 바꾼다. 책 읽는 한 사람이 다른 한 사람에게 영향을 미치고 다른 한 사람은 또 다른 사람에게 영향을 미치며 무수한 사람으로 이어진다.

독하게 독서하라

　책은 이제 내 인생에 빠질 수 없는 1순위가 되었다. 독한 여자의 독한 이야기는 친구의 이야기이고 동네 이웃의 이야기이다. 인생의 지혜를 배울 수 있는 방법은 여러 가지가 있다. 그중 독서는 그 어떤 것에도 뒤지지 않는다. 독서는 삶을 풍요롭게 하고 삶의 지혜를 가르쳐준다. 독서가 어렵기만 했다면 보통의 주부가 직장을 다니며 할 수 있었겠는가. 내가 했다면 당신도 할 수 있다. 독한 여자는 이제 하나의 바람이 생겼다. 독한 사람이 많아지고 독한 세상이 되는 것이다. 책 읽는 사람이 많아지고 세상이 행복해지기를 바란다. 독(毒)한 여자는 독서해서 독(讀)한 여자가 되었다. 이제 당신이 독해질 차례다.

6

독서 바이러스 전파

큰 나무도 가느다란 가지에서 시작된다. 10층 석탑도 작은 벽돌을 하나하나 쌓아 올리는 것에서 출발한다. 천 리 길도 한 걸음부터 시작이다. 마지막에 이르기까지 처음과 마찬가지로 주의를 기울이면 어떤 일이라도 탁월하게 해낼 수 있다. • 노자

● ● ●

책은 내 삶의 원동력이었다. 삶이 힘들어서 읽기 시작했다. 힘들기 때문에 더욱 미친 듯이 읽었다. 항상 책만 생각했다. 시간만 나면 손에서 책을 놓지 않았다. 밥 먹는 시간조차 아까울 때도 있었다. 친구도 만나지 않고 TV 시청도 끊었다. 모든 정신을 책에 집중시켰다. 주일무적(主一無適)하고 헛짓하지 않았다. 오직 책만 생각하고 일주일에 한 번씩은 꼬박꼬박 도서관에 들렀다. 주말이 되면 어김없이 도서관에 앉아서 책을 읽었다. 힘든 시기 그런 시간들이

버텨내는 힘이 되었다.

독서 바이러스

책은 내 삶에 한 줄기 희망을 심어주었다. 태도와 삶의 방식을 바꿀 수 있겠다는 희망이었다. 나의 독서는 전문지식을 쌓기 위한 독서가 아니었다. 남에게 보여주기 위한 것도 아니었다. 책은 절망의 나락으로 떨어지기 전 나를 구해주었다. 책을 통해 마음관리법, 인간관계와 대화법도 배우며 생활에 적용했다. '별거 아니네.' '누가 그걸 몰라?' 하며 무시하고 넘어갈 수 없는 소중한 삶의 지혜들이었다. 책 읽기를 하지 않았다면 지금 어떤 모습일까? 생각하면 아찔하다. 아마 소금에 절인 배추처럼 기운도 생기도 없이 축 처진 모습일 것이다. 책은 부작용 없는 치료법이다. 내 몸은 이제 독서 호르몬을 만들어 독서 바이러스를 전파 중이다.

독서하며 블로그에 '오늘의 명언'과 '책 속 글귀'를 꾸준하게 올렸다. 독서의 이로움을 많은 사람들에게 알리고 싶은 마음에 '주부독서연구소'를 개설했다. 블로그, 밴드, 카페, 트위터, 티스토리를 통해 매일 공유했다. 하루에 하나씩 꼬박꼬박 빠트리지 않고 글을 올렸다. 처음에는 혼자서 시작한 독서였지만, 이제는 여러 사람들과 함께하고 있다. 밴드에는 공동 리더와 선한 영향력을 전파 중이다. 다양한 지역 분들과 소통하며 독서 열정을 나누고 있다. 밴드에서 하루라도 안부를 묻지 않으면 서로 궁금하다. 지역은 달라도 가끔 모임을 통해 얼굴을 마주하며 반가운 옛 친구를 만난 듯 이야기 꽃을 피운다.

독서에 남녀노소가 따로 없다. 연령대가 다르지만 전혀 문제 되지 않는다. 멀리서 땀 흘려 농사지은 과일을 보내주시는 분도 계신다. 만나면 작은 선물을 전해주시는 분도 계신다. 세상이 야박하다고 하지만 선한 영향을 미치는 분들이 참으로 많다는 생각에 마음이 따뜻해진다. 서로를 응원하며 오늘 하루도 최선을 다하자며 서로 파이팅을 외친다. 주부독서연구소 비공개 밴드는 한 달에 한 권 추천도서를 선정하여 함께 읽고 있다. 처음에는 서로 얼굴도 알지 못했지만, 책이라는 연결고리로 지금은 개인사도 공유하며 함께 독서하고 있다. 모두 바쁜 일상으로 힘든 상황이지만 독서에 대한 열정만큼은 한결같다.

독서의 힘

평범한 주부가 삶을 변화시키기 위해 선승이 도를 닦듯 3년 1,000권 독서를 마치고 현재 독서 6년 차가 되어 독서 열정을 나누고 있다. 아주 작은 물줄기지만 독서 바이러스를 전하고 있다. 누군가는 독서 바이러스에 감염될 것이다. 독서 바이러스는 점점 더 퍼지고 우리는 책에 대한 이야기를 하며 행복할 것이다. 릴레이 경주처럼 서로가 서로를 돕는다. 리더가 지치면 다른 리더가 리더의 자리에서 최선을 다해 방향을 잡아준다. 얼굴 없는 'SNS'는 믿음이 없으면 이어갈 수 없다. 너 나 할 것 없이 아무런 이익이 없는데도 꾸준히 좋은 일을 해준다. 독서의 힘이 아닐까 생각한다. 함께하는 멤버들은 명언이나 글을 보고 마음의 표현을 아끼지 않는다. 기분 좋아지는 스티커와 멋진 사진을 공유하며 참여하고 있다. 리더십 중 가장 좋은 것이 '서번트 리더십'이다. 섬기는 리더십을 말한다. 부족함이 많은 리더이고 훌륭한 분들이 많다는 것도 알기에 섬김이 필요하다. 한글 자판에 'SNS'를 치면 '눈'이 된다. 얼굴 없는 SNS는 마음의 눈으로 바라보아야 한다. 책은 우리를 마음의 눈으로 볼 수 있도록 해준다.

우리는 모두 리더다. 자신의 삶을 이끌어가는 내 인생의 리더다. 자기 인생을 주체적으로 끌어갈 수 있을 때 삶은 재미있어지고 열정적이고 힘이 난다. 스스로 인생의 리더라고 생각하고 행동한다면 결국 타인의 리더가 된다. 독서는 자기 성장을 이루고 독서하는 사람은 결국 리더가 된다.

나는 보통의 주부다. 어떤 재능이 있는지 알 수 없다. 한 가지 자신 있게 말할 수 있는 것은 성실함이다. 정성스럽고 참되게 나아가기 위해 노력한다. 화려함이나 기교는 없다. 믿음을 가지고 나아갈 뿐이다. 독서는 성실함만 있어도 가능한 것이다. 성실함은 정성을 다하는 자신의 노력이다. 애벌레가 실을 자아내듯 끊임없이 이어간다. 성실함은 모든 것을 행동으로 옮기게 한다.

독서는 성실함이다

일에 열중하는 사람을 벌레에 비유한다. 좋아하는 분야의 벌레
가 된다면 원하는 것을 이룰 수 있다. 일벌레, 책벌레, 운동벌레, 연
습벌레. 벌레는 하등동물이며 미물이고 한 가지에 빠져서 들이파
는 습성이 있다. 벌레는 끊임없이 꿈틀거린다. 다른 곳에 관심을 두
지 않고 한 가지만 열심히 한다. 벌레는 꾸준함과 성실함을 갖추고
있다. 반복하고 또 반복한다. 어떤 분야든 처음 시도할 때는 벌레처
럼 하찮게 생각될 수도 있다. 반복적으로 연습하는 것이 대단해 보
이지 않을 수도 있지만, 모이면 대단한 힘이 되고 한 분야의 프로가
되고 탁월해진다.

다른 사람은 한 번에 할 수 있지만 자신은 (그렇게 할 수 없다면)
백 번이라도 하고, 다른 사람은 열 번에 할 수 있지만 자신은 (그렇
게 할 수 없다면) 천 번이라도 한다.
— 주희

독서는 평생 하는 것이다

삶의 지혜는 책을 통하지 않고 구할 수 없다. 책장에 책을 꽂아두고 읽지 않는다면 책은 무의미하고 입 안에 가시가 돋고 말이 거칠어진다. 전심을 다해 독서하지 않으면 먼지만큼도 효과가 없다. 자신의 생활에 문제가 있다고 생각되면 목적을 가지고 읽어야 한다. 그렇지 않으면 방향을 잃을 수 있다. 읽은 내용은 따로 정리하여 잊어버리지 않도록 해야 한다. 독서에 재미를 붙여 책 읽기를 이어갈 수 있도록 해야 한다. 밥 먹듯 하지 않으면 독서습관을 잡을 수 없다. 깊이 생각하지 않으면 자신의 생각을 재구성하지 못한다. 차분히 읽지 않으면 느끼는 바가 없게 된다. 책은 2번씩 읽으면 좋다. 처음 읽을 때 전체적인 흐름을 파악하고 두 번째 집중해서 필요한 부분을 읽으면 효과적이다. 스스로 채찍질하지 않으면 포기할 수 있으니 잘 살펴야 한다. 독서는 평생 하는 것이고 읽고 또 읽는 것이다.

책에 대한 좋은 글귀가 많지만 스마일즈의 말에 공감하며 고개를 끄덕였다.

좋은 책은 좋은 친구가 될 수 있다. 그것은 과거에도 그랬고 지금도 그러하며 앞으로도 그럴 것이다. 좋은 책은 참을성 있고 기분 좋은 친구다. 좋은 책은 어렵고 힘들 때도 등을 돌리지 않는다. 좋은

독서 바이러스 전파

책은 항상 친절하게 반긴다. 젊어서는 즐거움과 가르침을 주고, 늙어서는 위로와 위안을 준다. 좋은 책은 인생을 담고 있는 최고의 상자다. 그 속에는 삶을 살아가며 떠올릴 수 있는 최고의 생각들이 담겨 있다. 인간 삶의 세계는 대개 사고의 세계다. 그러므로 최고의 책은 좋은 말씀과 훌륭한 사상의 보고다. 좋은 책은 마음의 위안을 주는, 변치 않는 친구가 될 것이다.

　―《책벌레들의 동서고금 종횡무진》

시작하면 나아간다

우리는 다른 사람이 해낸 일을 보며 나도 할 수 있겠다는 자신감을 가진다. 직접 해보면 쉽지 않다는 것도 알게 되지만, 그때 드는 생각은 '그 사람도 이런 과정을 거쳐서 결과를 만들어냈구나.'라는 것이다. 연습을 통해 잘하게 되고 반복연습을 통해 더 잘하게 된다. 처음부터 잘할 수는 없다. 행하는 것이야말로 나의 것으로 만드는 가장 훌륭한 방법이다.

어떤 일을 시작하기 전에는 할 수 있을까 의구심이 생긴다. 두려움이 밀려와 안주하고 싶은 생각도 들지만 용기를 내야 한다. 시작은 삶의 활력을 준다. 어디엔가 몰입할 수 있다면 지루함, 우울함, 권태를 시원하게 날려버릴 수 있다. 독서로 삶이 즐겁고 행복해진다. 어려움도 있지만 나아가는 힘은 딱 한 걸음이다. 멀리 바라볼 필요가 없다. 오늘 해야 할 일에만 집중하는 것이 나아가는 힘이다. 하나하나가 모여 덩어리가 되지만 지금은 하나에 집중한다. "시작하면 일은 마무리되리니." 괴테의 말이다. 행동하다 보면 영감이 떠오른다. 시작하면 독서하는 이유를 발견하게 된다. 모든 일은 작은 것에서 시작되고 사소한 것에서 출발한다. 시작이 반이다. 시작하면 나아간다. 행동하면 결과를 얻게 된다. 진짜로 한번 해볼 텐가? 그렇다면 바로 지금이다.

누군가 나에게 묻는다.

"왜 책을 읽기 시작했느냐?"

"나를 바꾸고 가정을 살리기 위함입니다."

누군가 또 묻는다.

"왜 책을 읽느냐?"

"그저 책 읽는 것이 좋아서입니다."

마치는 글

책 읽기에 대해 이야기하면 언제나 즐거웠다. 도서관에 갈 때면 애인을 만나는 것처럼 설레고 발걸음이 가벼웠다. 독서 이야기를 쓰는 것은 또 다른 도전이고 기쁨이었다. 책 읽기를 선택하고 집중과 몰입을 경험하며 행복했다. 이 글을 쓰면서 다시 한번 몰입을 경험할 수 있었다. 독서 6년을 정리한 것 같아 의미 있는 시간이었다.

독서는 혼자서 묵묵히 자신을 만나는 시간이다. 한 걸음씩 뚜벅뚜벅 책에 다가갈수록 마음은 평온해진다. 당신에게도 삶의 고비가 있을 것이고 지금이 고비의 순간일 수도 있다. 독서가 만병통치약은 아니지만, 자신을 다스리는 도구로 사용하기에 전혀 부족함이 없다. 독서는 화려한 조명을 받는 것은 아니지만 내면을 더욱 빛나게 한다. 우리 삶은 순간순간 고비가 있다. 그럴 때일수록 독서하며 자신을 만나고 치유하는 과정을 가졌으면 한다.

다산의 말씀이 아직도 귓가에 맴돈다. "폐족으로서 잘 처신하는 방법은 오직 독서하는 한 가지밖에 없다." 유배지에서 아들에게 전하는 진심의 충고이다. 이 마음 하나를 붙잡고 여기까지 왔다. 또 다산은 "오직 독서만이 살길이다."라고 했다. 독서하며 이 말씀이 틀리지 않음을 알게 되었다. 가슴에 큰 어른의 말씀 하나 새기고 전심을 다해 독서했다.

독서는 현재를 살도록 도와준다. "우울한 사람은 과거에 살고 불안한 사람은 미래에 살고 평안한 사람은 현재에 산다." 노자의 명언이다. "지금 이 순간을 살아라. 가슴 뛰는 삶을 살아라." 우리가 많이 들어본 말이다. 독서하는 동안 지금 이 순간을 살 수 있었고 가슴 뛰는 삶이 어떤 것인지 맛볼 수 있었다. 책을 읽으면 마음이 평안해진다. 독서는 현재를 살며 최선을 다하고 최고의 날을 만들기 위한 노력이다. 독서는 마음만 먹으면 어디서든 가능한 것이다.

어릴 때 방 청소를 하려는 순간 엄마가 "청소 좀 해라." 하거나, 씻으려고 하는데 "안 씻고 뭐하노?"라고 하면 막상 싫어지는 경험이 있다. 스스로 독서해야 하는 목적을 찾았으면 한다. 찾을 수 없다면 만들면 된다. 끝이라고 생각하는 순간, 다시 힘을 내는 사람을 보면 응원하고 싶어지고 보는 사람도 힘이 난다. 책은 삶의 간접경 힘이며 공감의 수단이고 생각의 도구이다. 독서를 통해 타인의 삶을 들여다보며 힘든 시기에 다시 시작하는 힘이 생긴다.

사람(人)은 서로 기대어 살아간다. 힘들 때 서로 도우며 우리로 살아간다. 의지하고 힘이 되어주며 토닥여준다. '독서를 무엇이라고 정의하겠는가?' 묻는다면 '독서는 사랑이다.'라고 답하고 싶다. 사랑의 마음으로 바라보았을 때 가정의 변화가 시작되었다.

마치는 글을 온통 '감사합니다.'로 채워도 된다면 그렇게 하고 싶다. 무슨 일이든 혼자 이룰 수 없다는 것을 알기에 더욱 그러하다. 책을 읽을 수 있게 해준 동네 도서관에 감사한다. 독서할 수 있도록 도와준 남편과 아들에게 감사한다. 독서에 힘을 보태주며 '주부독서연구소'를 응원해주신 분들께 감사의 마음을 전한다. 이름 없는 주부의 부족한 글임에도 불구하고 선뜻 손을 내밀어준 레드스톤 출판사에 진심으로 감사의 마음을 전하고 싶다.

글을 쓰겠다고 다짐하고 양쪽 팔목에 파스를 붙이고 폭풍몰입하며 글쓰기를 했다. 어느 날 엄마에게 전화가 걸려왔다.

"요즘 뭐 한다꼬 코빼기도 안 보이노?"

연락이 없는 딸에게 내심 서운한 모양이다. 글을 쓴다고 하니

"맨날 책만 그래 읽더만 인자 시험 치나?"

하신다. 그 말씀을 듣고 보니 '그렇다' 싶어 나도 모르게 크게 웃고 말았다. 그동안 마음고생이 심했던 수호천사인 엄마께 감사의 마음을 전한다.

이제 시험을 마쳤고 시험지는 나의 손을 떠날 것이다. 평범한 주부의 독서기를 보고 많은 사람이 독서하며 행복한 삶을 이어가길 바란다. 그 바람이 이루어지면 나의 시험 결과는 대만족으로 마무리될 것이다.

일일일책

극한 독서로 인생을 바꾼 어느 주부 이야기

초판 1쇄 인쇄 | 2017년 11월 10일
초판 1쇄 발행 | 2017년 11월 15일

지은이 | 장인옥
펴낸곳 | 레드스톤(주식회사 인터파크씨엔이)

출판등록 | 2015년 3월 19일 제 2015-000080호
주소 | 경기도 고양시 일산동구 호수로 672 대우메종리브르 611호
전화 | 070-7569-1490
팩스 | 02-6455-0285
이메일 | redstonekorea@gmail.com

ISBN 979-11-88077-06-9 03190